Goldmann Ratgeber

W0061297

Peter Lauster

Der Persönlichkeits test

Ein Test und Beratungsprogramm zur Entfaltung Ihrer Persönlichkeit

Wilhelm Goldmann Verlag

1. Auflage Juli 1978   · 1.– 8. Tsd.
2. Auflage April 1979   · 9.–13. Tsd.
3. Auflage Februar 1981 · 14.–18. Tsd.
4. Auflage November 1982 · 19.–24. Tsd.
5. Auflage August 1984   · 25.–30. Tsd.

Made in Germany
Genehmigte Taschenbuchausgabe
© 1974 by Mosaik Verlag GmbH, München
Umschlaggestaltung: Atelier Adolf & Angelika Bachmann, München
Umschlagfoto: Manfred Schmatz, München
Zeichnungen: Maria Krüger/Helmut Unger (Diagnosekarte)
Druck: Elsnerdruck GmbH, Berlin
Verlagsnummer: 10739
Lektorat: Gerda Weiss/Renate Richter
Herstellung: Harry Heiß
ISBN 3-442-10739-3

Inhalt

Vorwort

Dieses Buch ermöglicht Ihnen eine Entdeckungsreise in die Bereiche Ihrer Psyche. Sie beschäftigen sich mit Ihren persönlichen Einstellungen, Meinungen, Vorurteilen und Verhaltensweisen, und Sie erfahren in der Testauswertung, wie stark oder schwach Ihre Persönlichkeitsmerkmale ausgeprägt sind.

Wenn Sie alle zehn Tests durchgeführt haben, können Sie die einzelnen Ergebnisse in eine Diagnosekarte übertragen und Ihr individuelles Persönlichkeitsprofil zeichnen. Diese Selbstanalyse lohnt sich, weil Sie auf diese Weise sich selbst besser kennen und verstehen lernen. Damit Sie jedoch von diesem Buch mehr profitieren können, als nur Ihre Stärken und Schwächen zu erfahren, folgt jedem Test ein Beratungsteil – als Hilfe zur Entfaltung Ihrer Persönlichkeitseigenschaften.

Für dieses Buch wurden Test- und Beratungsprogramme ausgewählt, die im Alltag für eine ausgeglichene Lebensgestaltung besonders wichtig sind:

- Selbstsicherheit
- Optimismus
- Risikoeinschätzung
- Unabhängigkeit
- Selbstlosigkeit
- Menschenkenntnis
- Belastbarkeit
- Toleranz
- Ehrgeiz
- Einfühlungsvermögen

Diese Persönlichkeitsmerkmale sind nicht angeboren, sondern werden im Laufe des Lebens erworben, durch die Erziehung einprogrammiert und erlernt. Menschliches Verhalten wird nicht wie beim Tier vorwiegend durch Instinkte gesteuert, sondern durch Einstellungen übernommene Meinungen und Rollennormen. Hinzu kommen im Laufe der Jahre Erfahrungen und gewonnene Lebensmaxime; sie bilden die Persönlichkeitseigenschaften und beeinflussen Denken und Verhalten

Die Vererbung spielt eine viel unwichtigere Rolle bei der Entstehung der Persönlichkeitsstruktur, als viele glauben. Keiner sollte z. B. die Ausrede gebrauchen: »Ich bin eben nicht tolerant, weil ich das nicht geerbt habe. Niemand ist zwar für seine Persönlichkeitseigenschaften selbst voll verantwortlich, weil Bezugspersonen (Eltern, Lehrer, Chefs, Freunde) seine Eigenschaften mitprägen, aber jeder hat die Chance, durch Aneignung einer höheren Bewußtseinsstufe seine Eigenschaften zu verändern. Zu dieser Veränderung soll das Buch auffordern.

In Leserbriefen wurde ich darauf hingewiesen, daß es ein Manko dieses Testbuches wäre, daß aus der Testüberschrift hervorgeht, welche Eigenschaft mit dem Test geprüft wird, da dies dazu verleiten würde, die Fragen im »Sinne eines gewünschten Ergebnisses« zu beantworten. Wer sich auf diese Weise selbst bemogeln will, kann dies natürlich tun, das ist richtig. Aber was hat er da von? Der Test ist ja keine Prüfung, denn das Ergebnis ist nur für den Leser selbst bestimmt.

Aufgrund meinen Erfahrungen als Psychologe bin ich der Ansicht, daß niemand selbstunsicher, pessimistisch, leichtsinnig, abhängig, egoistisch, intolerant und faul bleiben muß. Jeder kann jeden Tag etwas selbstsicherer, selbstloser, optimistischer, unabhängiger, toleranter und strebsamer werden, wenn er einsieht, welche Möglichkeiten sich ihm dadurch eröffnen. Eine Persönlichkeit bildet sich täglich; sie kann sich entfalten oder auf der Stelle treten. Zur Entfaltung der eigenen Möglichkeiten und zu einer glücklicheren Lebensbewältigung soll dieses Buch beitragen.

Köln   Peter Lauster

Was können die zehn Tests messen?

Im allgemeinen Sprachgebrauch wird mit der Bezeichnung »Persönlichkeit« gemeint, daß diese Person ein auffallend gutes, beeindruckendes Auftreten besitzt und eine überdurchschnittlich starke Ausstrahlung hat. In diesem Sinne wird in der Psychologie und auch in diesem Buch das Wort »Persönlichkeit« nicht gebraucht. Jeder Mensch besitzt eine Persönlichkeit — auch ein Schwachsinniger oder Geisteskranker. Die Persönlichkeit macht das Zusammenspiel der Eigenschaften aus; etwas abstrakt kann das mit »individueller Persönlichkeitsstruktur« bezeichnet werden.

Die Persönlichkeitsstruktur setzt sich aus den unterschiedlich ausgeprägten Eigenschaften zusammen. In diesem Buch wird nicht das gesamte Spektrum der Eigenschaftsstruktur getestet. Es wurden allerdings zehn wichtige Eigenschaften ausgewählt; sie beziehen sich z. B. auf das Verhalten im mitmenschlichen Kontakt: Selbstsicherheit, Unabhängigkeit, Selbstlosigkeit, Menschenkenntnis, Toleranz und soziales Einfühlungsvermögen. Sie beziehen sich außerdem auf Verhaltenstendenzen wie z. B. Optimismus, Vorsicht und Ehrgeiz (Leistungsmotivation) und auf die seelische Stabilität, z. B. Belastbarkeit.

Der Bereich »Begabungen und intellektuelle Fähigkeiten« wurde in diesem Buch nicht berücksichtigt. Es handelt sich hierbei zwar auch um Persönlichkeitsmerkmale, aber sie gehören in den Bereich der geistigen Leistungsfähigkeit und weniger zur Gruppe der Charaktereigenschaften. Bewußt wurde außerdem in diesem Buch auf Eigenschaften und Merkmale verzichtet, die bei »psychischen Störungen« auftreten, wie beispielsweise Angstanfälligkeit, Aggressivität, Neigung zur Schizophrenie und Neigung zu manisch-depressiven Reaktionen. Das Buch eignet sich also nicht, seelische Abnormitäten aufzudecken. Die Tests wurden für psychisch gesunde Personen entwickelt, die über ihre individuelle Persönlichkeitsstruktur mehr wissen und erfahren wollen.

Die Tests bieten die Möglichkeit, sich selbstkritisch zu überprüfen. Ein Test ist eine Prüfsonde, der Reaktionsweisen und Einstellungen abcheckt. Daraus können Rückschlüsse gezogen werden, welche Eigenschaften in welchem Ausprägungsgrad dominierend sind. Jeder Test ist natürlich störanfällig; das Ergebnis hängt davon ab, ob Sie sich in ausgeruhtem oder psychisch labilem Zustand testen, ob Sie ehrlich zu sich selbst sind oder versuchen, ein möglichst schmeichelhaftes Bild von sich zu erzielen.

Sie sollten Ihr Testergebnis nicht als ein unabänderliches Schicksal ansehen und keine weitreichenden privaten oder beruflichen Entschlüsse daraus ableiten. Das Testergebnis dient in erster Linie Ihrer Selbsterkenntnis. Es soll Ihnen Denkanstöße geben, damit Sie Ihre Persönlichkeitsstruktur bewußter sehen. Ein wichtiges Anliegen des Buches besteht darin, Ihnen zu zeigen, daß Persönlichkeitseigenschaften kein unabänderliches Schicksal sind, sondern durch einen Einstellungswandel veränderbar sind. Niemand sollte also sagen »Ich bin eben so« und bei dieser Selbsterkenntnis stehenbleiben, denn jeder kann seine Persönlichkeitsstruktur weiter entfalten.

Jede Persönlichkeitseigenschaft ist so kompliziert mit anderen Eigenschaften verbunden, daß man zu jedem Beratungsteil ein eigenes Buch mit Übungs- und Lernprogrammen schreiben könnte. Zum Thema »Selbstbewußtsein« arbeitet deshalb der Autor zur Zeit an einem umfangreichen Ratgeberbuch, weil das Selbstbewußtsein für die Entfaltung der Persönlichkeit ein besonders zentrales Problem ist.

Die Persönlichkeitsmerkmale beeinflussen sich gegenseitig. Sie existieren nicht isoliert nebeneinander. Die Selbstsicherheit beeinflußt die Vorsicht, Unabhängigkeit, Selbstlosigkeit, Toleranz und den Ehrgeiz. Ein sehr selbstsicherer Mensch z.B. ist nicht übertrieben vorsichtig, er fühlt sich unabhängig, ist aufgrund seiner Selbstsicherheit nicht extrem egoistisch, er neigt zur Toleranz, weil er dadurch sich selbst nicht unbedingt in Frage gestellt sieht, und sein Ehrgeiz ist normal ausgeprägt, da er nicht durch übertriebenen Ehrgeiz mangelnde Selbstsicherheit kompensieren muß.

Selbstsicherheit und Optimismus sind sehr zentrale Persönlichkeitsmerkmale, deshalb wurden sie in der Grafik in der Mitte placiert. Um diese Mitte gruppieren sich Unabhängigkeit, Selbstlosigkeit, Ehrgeiz und Belastbarkeit. Peripherere Eigenschaften sind Menschenkenntnis, Toleranz, Einfühlungsvermögen und Vorsicht (siehe Grafik).

Das Ringmodell der Persönlichkeitsmerkmale

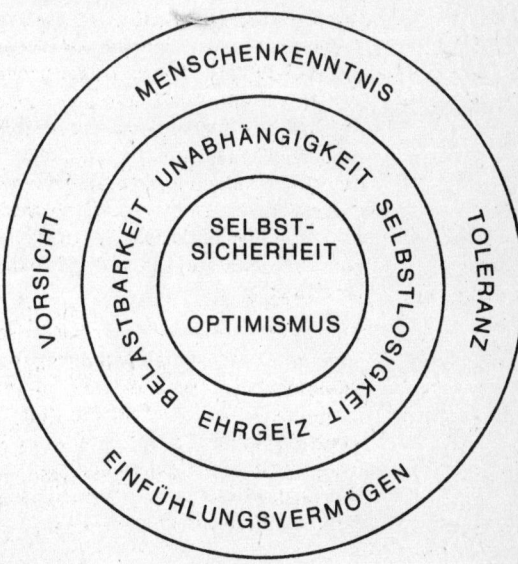

Die äußeren vier Merkmale lassen sich am leichtesten trainieren, weil sie in weniger tiefen Schichten der Persönlichkeit verankert sind. Die Selbstsicherheit und der Optimismus dagegen können schwerer verändert werden, weil sie rationalen Überlegungen weniger zugänglich sind. Menschenkenntnis kann erlernt werden wie Physik oder Biologie, Optimismus ist dagegen eine seelische Grundhaltung, die tief mit vergangenen Erfahrungen und Erlebnissen verwurzelt ist. Um den Optimismus zu steigern, muß sich die gesamte Persönlichkeit engagieren. Vergangene Erlebnisse müssen bewältigt und ein neues Bewußtsein von sich selbst und dem Leben aufgebaut werden.

So machen Sie die Tests

1. Beginnen Sie einen Test nur, wenn Sie genügend Ruhe finden und sicher sind, daß Sie von niemand unterbrochen werden, denn jede Störung kann das Testergebnis beeinflussen.

2. Die Tests unterliegen keiner Zeitbeschränkung. Sie sollten jedoch alle Tests zügig durchführen und Ihre Antworten spontan geben.

3. Lesen Sie die jeweilige Testanweisung aufmerksam durch, damit Sie genau verstehen, worum es geht.

4. Sicher werden nicht alle Fragen und Situationen auf Sie zutreffen. In solchen Fällen sollen Sie sich in die Aufgabe hineinversetzen und die Antwort ankreuzen, die Sie noch am ehesten akzeptieren.

5. Sie können die zehn Tests in beliebiger Reihenfolge machen. Beginnen Sie mit den Tests, die Sie am meisten interessieren. Um Ihr Persönlichkeitsprofil auszufüllen, benötigen Sie die Ergebnisse aller zehn Tests. Erst dann gewinnen Sie einen Überblick über die Ausprägung Ihrer Eigenschaften.

6. Bedenken Sie, nur wenn Sie die Tests ehrlich durchführen, ist die Testdurchführung für Sie sinnvoll. Wenn Sie mogeln, bemogeln Sie sich selbst.

7. Machen Sie nicht alle Tests auf einmal. Nach zwei Tests ist die Ermüdung schon so stark, daß Sie sich bei den übrigen Tests nicht mehr ganz auf die Fragen und Aufgaben einstellen können.

8. Testen Sie sich nicht, wenn Sie Ärger hatten oder durch viel Arbeit erschöpft sind. Ihr Testergebnis leidet darunter. Eine ausgeglichene Stimmung ist die günstigste Voraussetzung.

9. Versuchen Sie nicht darüber nachzudenken, was die Fragen und Antworten bedeuten könnten. Dadurch wird ihre spontane Beantwortung gestört.

10. Antworten Sie nicht absichtlich falsch, um zu einem möglichst positiven Ergebnis zu kommen. Ihr Testergebnis bleibt geheim. Sie müssen Ihr Ergebnis niemand zeigen, wenn Sie nicht wollen.

Test 1

Sind Sie selbstsicher?

Lesen Sie bitte die folgenden 32 Sätze aufmerksam durch. Sie sollen jedesmal auf einer Skala angeben, wie häufig Sie über das Problem nachdenken.

Kreuzen Sie bei jedem Satz die entsprechende Zahl an, die angibt, wie häufig Sie die jeweiligen Probleme beschäftigen. Antworten Sie spontan, und lassen Sie sich dabei möglichst von Ihren Gefühlen leiten.

Sie machen den Test für sich allein. So erfahren nur Sie das Ergebnis. Deshalb sollten Sie den Test ehrlich ausfüllen, denn Sie wollen sich ja nicht selbst belügen.

Ein Beispiel zeigt, wie Sie Ihre Antwort auf der Skala ankreuzen müssen.

Beispiel: Ich bin nicht sehr leistungsfähig.

Beschäftigt mich:	nie	selten	manchmal	häufig	sehr häufig
	0	1	✗	3	4

Wenn Sie **manchmal** darüber nachdenken, daß Sie nicht sehr leistungsfähig sind, hätten Sie also die »2« ankreuzen müssen.

Test:

1. Ich wünsche, meine Mitmenschen würden mir mehr Mut machen.

Beschäftigt mich:	nie	selten	manchmal	häufig	sehr häufig
	✗ 0	1	2	3	4

2. Ich fühle mich beruflich überfordert.

Beschäftigt mich:	nie	selten	manchmal	häufig	sehr häufig
	0	1	✗ 2	3	4

3. Wenn ich an meine Zukunft denke, habe ich ein ungutes Gefühl.

Beschäftigt mich:	nie	selten	manchmal	häufig	sehr häufig
	0	1	2	3	4

4. Viele Leute finden mich wenig sympathisch.

Beschäftigt mich:	nie	selten	manchmal	häufig	sehr häufig
	0	1	2	3	4

5. Ich habe weniger Tatkraft und Initiative als andere.

Beschäftigt mich:	nie	selten	manchmal	häufig	sehr häufig
	0	1	2	3	4

6. Ich denke darüber nach, ob alle meine Gedanken normal sind.

Beschäftigt mich:	nie	selten	manchmal	häufig	sehr häufig
	0	1	2	3	4

7. Ich habe Angst, mich zu blamieren.

Beschäftigt mich:	nie	selten	manchmal	häufig	sehr häufig
	0	1	2	3	4

8. Andere Leute sehen besser aus als ich.

Beschäftigt mich:	nie	selten	manchmal	häufig	sehr häufig
	0	1	2	3	4

9. Ich habe Angst, vor fremden Menschen eine Rede zu halten.

Beschäftigt mich:	nie	selten	manchmal	häufig	sehr häufig
	0	1	2	3	4

10. Vieles, was ich anpacke, geht schief.

Beschäftigt mich:	nie	selten	manchmal	häufig	sehr häufig
	0	1	2	3	4

11. Ich würde gerne wissen, wie man sich mit anderen Menschen nett unterhalten kann.

Beschäftigt mich:	nie	selten	manchmal	häufig	sehr häufig
	0	1	2	3	4

12. Ich hätte gerne mehr Selbstvertrauen.

Beschäftigt mich:	nie	selten	manchmal	häufig	sehr häufig
	0	1	2	3	4

13. Ich überlege, wie ich mehr Anerkennung bei meinen Mitmenschen finden kann.

Beschäftigt mich:	nie	selten	manchmal	häufig	sehr häufig
	0	1	2	3	4

14. Ich bin zu bescheiden.

Beschäftigt mich:	nie	selten	manchmal	häufig	sehr häufig
	0	1	2	3	4

15. Ich bin eitel.

Beschäftigt mich:	nie	selten	manchmal	häufig	sehr häufig
	0	1	2	3	4

16. Ich werde von den meisten Leuten nicht richtig eingeschätzt.

Beschäftigt mich:	nie	selten	manchmal	häufig	sehr häufig
	0	1	2	3	4

17. Mir fehlt jemand, mit dem ich über persönliche Dinge reden kann.

Beschäftigt mich:	nie	selten	manchmal	häufig	sehr häufig
	0	1	2	3	4

18. Man erwartet zu viel von mir.

Beschäftigt mich:	nie	selten	manchmal	häufig	sehr häufig
	0	1	2	3	4

19. Man interessiert sich zu wenig für das, was ich leiste.

Beschäftigt mich:	nie	selten	manchmal	häufig	sehr häufig
	0	1	2	3	4

20. Ich werde leicht verlegen.

Beschäftigt mich:	nie	selten	manchmal	häufig	sehr häufig
	0	1	2	3	4

21. Ich habe das Gefühl, daß die meisten Menschen mich nicht verstehen.

Beschäftigt mich:	nie	selten	manchmal	häufig	sehr häufig
	0	1	2	3	4

22. Ich fühle mich in meiner Umgebung nicht geborgen.

Beschäftigt mich:	nie	selten	manchmal	häufig	sehr häufig
	0	1	2	3	4

23. Ich mache mir oft unbegründet Sorgen.

Beschäftigt mich:	nie	selten	manchmal	häufig	sehr häufig
	0	1	2	3	4

24. Ich habe ein unbehagliches Gefühl, wenn ich einen Raum betrete, in dem sich schon mehrere Personen befinden.

Beschäftigt mich:	nie	selten	manchmal	häufig	sehr häufig
	0	1	2	3	4

25. Ich habe das Gefühl, daß man hinter meinem Rücken über mich spricht.

Beschäftigt mich:	nie	selten	manchmal	häufig	sehr häufig
	0	1	2	3	4

26. Ich fühle mich nicht so recht wohl in meiner Haut.

Beschäftigt mich:	nie	selten	manchmal	häufig	sehr häufig
	0	1	2	3	4

27. Ich glaube, daß anderen Menschen fast alles leichter fällt als mir.

Beschäftigt mich:	nie	selten	manchmal	häufig	sehr häufig
	0	1	2	3	4

28. Ich habe die Befürchtung, daß mir etwas Unangenehmes zustoßen könnte.

Beschäftigt mich:	nie	selten	manchmal	häufig	sehr häufig
	0	1	2	3	4

29. Ich denke darüber nach, wie sich meine Mitmenschen mir gegenüber verhalten.

Beschäftigt mich:	nie	selten	manchmal	häufig	sehr häufig
	0	1	2	3	4

30. Ich wäre gerne kontaktfreudiger.

Beschäftigt mich:	nie	selten	manchmal	häufig	sehr häufig
	0	1	2	3	4

31. In Diskussionen sage ich nur dann etwas, wenn ich von der Richtigkeit überzeugt bin.

Beschäftigt mich:	nie	selten	manchmal	häufig	sehr häufig
	0	1	2	3	4

32. Ich denke darüber nach, ob ich die Erwartungen der Gesellschaft erfüllen kann.

Beschäftigt mich:	nie	selten	manchmal	häufig	sehr häufig
	0	1	2	3	4

Testauswertung

Um Ihre Punktsumme zu errechnen, zählen Sie bitte die in den einzelnen Aufgaben angekreuzten Zahlen zusammen.

In der Bewertungstabelle können Sie unter Ihrer Punktzahl – je nach Altersgruppe – nachsehen, wie ausgeprägt Ihre Selbstsicherheit ist.

14-16 Jahre Punkte	17-21 Jahre Punkte	22-30 Jahre Punkte	über 30 Jahre Punkte	Ausprägung der Selbstsicherheit
0 - 8	0 - 20	0 - 12	0 - 15	sehr stark
9 - 17	21 - 36	13 - 25	16 - 29	stark
18 - 33	37 - 44	26 - 40	30 - 46	durchschnittlich, Tendenz nach stark
34 - 54	45 - 69	41 - 59	47 - 66	durchschnittlich, Tendenz nach schwächer
55 - 128	70 - 128	60 - 128	67 - 128	schwächer

34

Das bedeutet die Bewertung

Sehr stark

Selbstsicherheit ist für Sie kein Problem. Es beschäftigt Sie sehr selten, ob Sie auf Ihre Mitmenschen einen günstigen Eindruck machen oder nicht. Sie besitzen keine Selbstzweifel und Minderwertigkeitsgefühle.

Stark

Im Vergleich zu Ihrer Altersgruppe besitzen Sie eine gute Selbstsicherheit. Sie beschäftigen sich selten damit, wie Sie auf andere wirken. Sie leiden selten unter Selbstzweifeln und Minderwertigkeitsgefühlen.

Durchschnittlich (Tendenz nach stark)

Sie besitzen eine normale Selbstsicherheit, die im Durchschnittsbereich liegt. Innerhalb dieses Durchschnittsbereiches tendiert Ihre Selbstsicherheit zu einer stärkeren Ausprägung.

Durchschnittlich (Tendenz nach schwächer)

Sie besitzen eine normale Selbstsicherheit, die im Durchschnittsbereich liegt. Innerhalb dieses Durchschnittsbereichs tendiert Ihre Selbstsicherheit eher zu einer schwächeren Ausprägung. Sie neigen zu Selbstzweifeln und machen sich darüber Gedanken, wie Sie auf andere Menschen wirken, und beschäftigen sich mit Ihren Minderwertigkeitsgefühlen.

Schwächer

Selbstsicherheit ist für Sie ein wichtiges Problem. Sie beschäftigen sich häufig damit, wie Sie auf Ihre Mitmenschen wirken. Sie würden gerne selbstsicherer, unkomplizierter und innerlich freier an die Probleme des Lebens herangehen.

Beratungsteil # Verbessern Sie Ihre Selbstsicherheit

Jeder Mensch hat mehr oder weniger stark ausgeprägte Minderwertigkeitsgefühle. Die Ursachen dafür liegen natürlich stets auf einem anderen Gebiet. Besonders stark ausgeprägt sind Minderwertigkeitsgefühle bei körperlichen Mißbildungen.

Die amerikanische Sprinterin Wilma Rudolph hatte z. B. Kinderlähmung und hinkte als Mädchen. Trotzdem schaffte sie es, ihre Minderwertigkeitsgefühle zu überwinden. Sie trainierte ihre Schwäche so lange, bis sie sogar zu einer Stärke wurde: 1960 erreichte sie in Rom einen dreifachen Sprint-Olympiasieg. Dieses Beispiel soll nicht beweisen, daß jeder Kindergelähmte Olympiasieger werden kann, denn das hängt natürlich vom Grad der körperlichen Schädigung ab und von der ehrgeizigen Trainingsbereitschaft.

Der bekannte Psychotherapeut Alfred Adler hat sein Leben der Erforschung von Minderwertigkeitsgefühlen gewidmet. Er entdeckte, daß das wichtigste menschliche Bedürfnis der Drang nach Selbstsicherheit und Überlegenheit ist.

Im Kontakt zu den Mitmenschen zeigen sich Minderwertigkeitsgefühle als Schüchternheit, leichte Verlegenheit, übertriebene Bescheidenheit, starke Eitelkeit, gesteigertes Geltungsbedürfnis und starkes Verlangen nach Lob und Anerkennung.

Ein übermäßig stark ausgeprägtes Selbstbewußtsein ist nicht unbedingt positiv. Es kann z. B. zum Leichtsinn verführen. Extrem Selbstsichere handeln oft mit einer naiven Sorglosigkeit und Unbekümmertheit. Besonders stark ausgeprägtes Selbstbewußtsein fördert ein konfliktreiches Zusammenleben mit anderen Menschen.

Wer übertrieben sicher auftritt, erscheint oft rücksichtslos und hat deshalb meist mehr Feinde als Freunde.

Nach Ansicht von Psychotherapeuten gibt es zwei Möglichkeiten, auf Minderwertigkeitsgefühle zu reagieren: Resignation oder Kompensation. Bei der Resignation wird die Minderwertigkeit als unüberwindbar angesehen. Deshalb wird dadurch keine Verbesserung des Selbstbewußtseins erreicht.

Der Psychologe Alfred Adler erkannte, daß Minderwertigkeitsgefühle häufig kompensiert werden. Dieser Ausgleich kann auf verschiedene Arten geschehen. Eine erste Möglichkeit liegt in der direkten Kompensation wie bei der kindergelähmten Wilma Rudolph. Der Unsichere versucht, seine Unsicherheit gerade in dem Bereich zu überwinden, in dem sie besteht. Ein treffendes Beispiel ist dafür auch der Grieche Demosthenes. Er entwickelte sich durch Training zu einem exzellenten Redner, obwohl er als Kind stotterte.

Eine zweite Methode, um Minderwertigkeitsgefühle auszugleichen, ist die Kompensation auf anderem Gebiet. Als Ersatz für die Schwäche wird eine andere Fähigkeit besonders gut entwickelt. Wer beispielsweise körperlich nicht kräftig ist und im Sport wenig leistet, kann sich durch besonderen Fleiß auf geistigem theoretischem Gebiet hervortun. Wer im Beruf nicht weiterkommt, betreibt ein Hobby, für das er sich besonders stark engagiert. Durch diese Ersatzbefriedigung wird das Selbstbewußtsein verbessert.

Eine dritte Möglichkeit ist Kompensation durch »Alsob-Selbstsicherheit«. Wenn es einer Person nicht gelingt, ihr Selbstbewußtsein durch direktes Training der Schwäche oder durch Entwicklung von Ersatzfähigkeiten zu steigern, greift sie zu Täuschungsmanövern. Sie täuscht dabei nicht nur die anderen, sondern häufig auch sich selbst. Verhaltensformen dieser Kompensation sind: Trotz, Rechthaberei, Prahlerei, Imponiergehabe und Eigensinn. Die empfundene Minderwertigkeit wird nicht verarbeitet, sondern verdrängt. Die Selbstsicherheit, mit der rechthaberische, prahlerische und eigensinnige Menschen auftreten, ist also nicht echt und kann leicht erschüttert werden.

Deshalb ist wichtig, daß Sie Ihr Selbstbewußtsein nicht vortäuschen, sondern von innen heraus entwickeln. Wichtig ist außerdem, daß Sie eine Schwäche nicht nur durch eine Stärke ausgleichen, sondern sie auch akzeptieren. Nur dann ist die Grundlage für ein neues, gesundes Selbstbewußtsein gegeben.

Zehn Tips zur Verbesserung Ihrer Selbstsicherheit

1 Finden Sie zunächst heraus, wodurch Ihre Minderwertigkeitsgefühle verursacht werden. Wenn Sie die Ursachen kennen, besitzen Sie die wichtigste Voraussetzung, um Ihre Selbstsicherheit gezielt zu verbessern.

2 Trainieren Sie Ihre Schwächen. Die Hauptsache ist, daß Sie den Mut dazu aufbringen. Auch geringe Verbesserungen werden Sie dann als Erfolg empfinden.

3 Versuchen Sie, Ihre Fähigkeiten und Begabungen weiter zu verbessern. Sie schaffen so einen Ausgleich (Kompensation) für Ihre Schwäche, die Ihnen dann nicht mehr so wesentlich erscheint.

4 Freuen Sie sich über Ihre guten Leistungen auf einem Gebiet und seien Sie ruhig stolz darauf. Die persönliche Beurteilung Ihrer Leistungen ist für Ihr Selbstwertgefühl wichtiger als das Urteil anderer Menschen.

5 Machen Sie sich von den Meinungen Ihrer Mitmenschen frei. Handeln Sie nie gegen Ihre persönliche Überzeugung; nur dann fühlen Sie sich innerlich frei und selbstsicher.

6 Wenn Sie z.B. im Beruf unzufrieden sind und im Moment keine Möglichkeiten sehen, sich zu verbessern, entfalten Sie Ihre Fähigkeiten in einem Hobby. Dadurch gleichen Sie Enttäuschungen aus und verhindern, noch selbstunsicherer zu werden.

7 Wenn etwas Schwieriges von Ihnen verlangt wird, versuchen Sie, mit Optimismus diese Aufgabe zu lösen. Wenn Sie kneifen, werden Sie in Zukunft weniger Vertrauen in Ihre eigene Leistungsfähigkeit haben und dann auch bei leichteren Problemen versagen.

8 Seien Sie nicht zu ehrgeizig, denn übermäßiger Ehrgeiz ist schädlich. Je ehrgeiziger Sie sind, desto schwerer können Sie Ihre hohen Ansprüche erfüllen.

9 Vergleichen Sie sich nicht zu häufig mit anderen Personen. Es gibt bei vielen Tätigkeiten Menschen, die besser sind als Sie. Wenn Sie sich stets vergleichen, geraten Sie leicht in Gefahr, von sich selbst enttäuscht zu sein. Das beeinträchtigt Ihr Selbstwertgefühl.

10 Machen Sie den Satz »Was andere gut können, muß ich genauso können« nicht zu Ihrem Leitmotiv, denn es kann keinen Menschen geben, der auf allen Gebieten alles gleich gut kann.

Test 2 # Sind Sie optimistisch?

Beurteilen Sie jede der folgenden 18 Zeichnungen. In den nebenstehenden Kästchen sind jeweils sechs Begriffe angeordnet, die die auf dem Bild gezeigte Situation widerspiegeln könnten. Bitte kreuzen Sie immer eines der beiden Felder hinter jedem Begriff an. Dabei sollen Sie sich gefühlsmäßig und ganz spontan entscheiden. Passen die einzelnen Begriffe nach Ihrer Ansicht zu der Situation, machen Sie das Kreuz in der »Ja«-Spalte, wenn nicht, bei »nein«.

1.

	ja	nein
Freude	a ✗	b
Sorge	b	a ✗
Unsicherheit	b	a ✗
Heiterkeit	a ✗	b
Zuversicht	a	b ✗
Skepsis	b	a ✗

2.

	ja	nein
Kummer	b	a ✗
Streit	b	a ✗
Gelöstheit	a ✗	b
Skepsis	b ✗	a
Freude	a	b ✗
Gespanntheit	b	a ✗

3.

	ja	nein
Schönheit	a	b
Beklemmung	b	a
Gefahr	b	a
Freudige Erwartg.	a	b
Zuversicht	a	b
Angst	b	a

4.

	ja	nein
Freude	a	b
Ratlosigkeit	b	a
Zuversicht	a	b
Vergnügen	a	b
Bedenken	b	a
Unglück	b	a

5.

	ja	nein
Aggression	b	a
Gefahr	b	a
Heiterkeit	a	b
Friedfertigkeit	a	b
Freude	a	b
Gespanntheit	b	a

6.

	ja	nein
Zuversicht	a	b
Freude	a	b
Streit	b	a
Beklemmung	b	a
Fröhlichkeit	a	b
Unangenehmes	b	a

7.

	ja	nein
Skepsis	b	a
Hoffnung	a	b
Resignation	b	a
Bedenken	b	a
Glück	a	b
Freude	a	b

8.

	ja	nein
Gefahr	b	a
Schrecken	b	a
Freude	a	b
Frische	a	b
Schönheit	a	b
Unglück	b	a

9.

	ja	nein
Bestürzung	b	a
Heiterkeit	a	b
Resignation	b	a
Enttäuschung	b	a
Freude	a	b
Zuversicht	a	b

10.

	ja	nein
Entspanntheit	a	b
Enttäuschung	b	a
Bedauern	b	a
Streit	b	a
Unerfreuliches	b	a
Heiterkeit	a	b

11.

	ja	nein
Unangenehmes	b	a
Unschuld	a	b
Zuversicht	a	b
Enttäuschung	b	a
Deprimiertheit	b	a
Erleichterung	a	b

12.

	ja	nein
Enttäuschung	b	a
Freude	a	b
Heiterkeit	a	b
Skepsis	b	a
Traurigkeit	b	a
Glück	a	b

13.

	ja	nein
Betroffenheit	b	a
Heiterkeit	a	b
Humor	a	b
Enttäuschung	b	a
Bedauern	b	a
Lustigkeit	a	b

14.

	ja	nein
Gefahr	b	a
Heiterkeit	a	b
Aggression	b	a
Unglück	b	a
Friedfertigkeit	a	b
Gespanntheit	b	a

15.

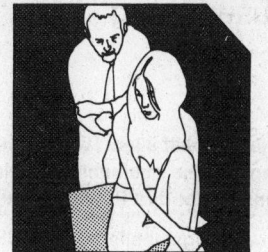

	ja	nein
Ratlosigkeit	b	a
Kummer	b	a
Lust	a	b
Aggression	b	a
Heiterkeit	a	b
Vergnügen	a	b

16.

	ja	nein
Streit	b	a
Humor	a	b
Skepsis	b	a
Heiterkeit	a	b
Zuversicht	a	b
Gespanntheit	b	a

17.

	ja	nein
Humor	a	b
Bedenken	b	a
Verlust	b	a
Zuversicht	a	b
Unangenehmes	b	a
Skepsis	b	a

18.

	ja	nein
Freude	a	b
Skepsis	b	a
Vergnügen	a	b
Gefahr	b	a
Angst	b	a
Erwartung	a	b

Testauswertung

Zählen Sie bitte bei allen 18 Bildern sämtliche Kreuze zusammen, die Sie in einem »a«-Feld gemacht haben. Die Summe ergibt Ihre Punktzahl bei Test 2.

In der Bewertungstabelle können Sie nun unter Ihrer Punktzahl – je nach Altersgruppe – nachsehen, wie stark Ihr Optimismus ausgeprägt ist.

14-16 Jahre Punkte	17-21 Jahre Punkte	22-30 Jahre Punkte	über 30 Jahre Punkte	Ausprägung des Optimismus
85 - 108	88 - 108	90 - 108	71 - 108	sehr stark
59 - 84	64 - 87	70 - 89	67 - 70	stark
51 - 58	52 - 63	60 - 69	54 - 66	durchschnittlich Tendenz nach stark
41 - 50	43 - 51	46 - 59	35 - 53	durchschnittlich Tendenz nach schwächer
0 - 40	0 - 42	0 - 45	0 - 34	schwächer

Das bedeutet die Bewertung

Sehr stark

Sie besitzen eine sehr optimistische Einstellung und sind gegenüber den Problemen Ihres Lebens sehr zuversichtlich. Sie begegnen Ihren Mitmenschen überaus aufgeschlossen und neigen nicht zu Mißtrauen und Skepsis, Ihre positive Einstellung zum Leben ist beneidenswert.

Stark

Sie besitzen eine optimistische und zuversichtliche Einstellung gegenüber den Problemen des Alltags. Aufgrund Ihrer positiven Einstellung zum Leben werden Sie mit Mißerfolgen gut fertig.

Durchschnittlich (Tendenz nach stark)

Sie besitzen einen normalen Optimismus, der im Durchschnittsbereich liegt. Innerhalb dieses Normalbereichs tendiert Ihre optimistische Einstellung zu einer stärkeren Ausprägung.

Durchschnittlich (Tendenz nach schwächer)

Sie besitzen einen normalen Optimismus, der im Durchschnittsbereich liegt. Innerhalb dieses Normalbereichs tendiert Ihre optimistische Einstellung etwas zum Pessimismus. Sie begegnen dem Leben kritisch und neigen zu skeptischer Distanz. Versuchen Sie, in Zukunft etwas optimistischer zu werden.

Schwächer

Sie neigen eher zum Pessimismus als zu einer optimistischen Einstellung dem Leben gegenüber. Eine optimistischere Einstellung wäre besser für Sie, dadurch lassen sich viele Probleme leichter und schwungvoller lösen.

Beratungsteil # Werden Sie optimistischer

Optimismus und Pessimismus sind Einstellungen, die die Lebensführung beeinflussen. Wie stark eine Einstellung wirkt, haben in Amerika Ärzte an mehreren tausend Patienten mit Placebos (Scheinmedikamenten) festgestellt. Placebos besitzen keinerlei medizinische Wirkung auf den Organismus, denn sie bestehen nur aus Wasser, Farbe, Zucker und Mehl. Trotzdem zeigen sie eine große subjektive Wirkung, wenn die Patienten an das Scheinmedikament glauben, also eine optimistische Einstellung zu seiner Wirkung haben.

Besonders stark ist die Wirkung von Placebos, wenn die Ärzte selbst glauben, sie verschreiben »echte« Medikamente. Auch das wurde in einem Experiment in den USA festgestellt. Ärzte gaben mit fester Überzeugung an die Heilkraft des Medikaments ihren Patienten wirkungslose Präparate.

Ergebnis: Fast 90% der Patienten fühlten sich hinterher wesentlich besser oder sogar geheilt. Optimismus wirkt suggestiv.

Aber auch eine pessimistische Einstellung beeinflußt den Organismus. Ein eindrucksvoller Unglücksfall hat das gezeigt. Auf einem Güterbahnhof wurde ein Bahnarbeiter versehentlich in einem Kühlwagen eingeschlossen. Der Arbeiter wußte, daß er sich in einem Kühlwagen befand, und glaubte, daß er erfriert, wenn er nicht schnell aus seiner Lage befreit wird.

Erst nach über zwanzig Stunden wurde der Wagen wieder geöffnet. Der Arbeiter war tot, und die Ärzte stellten Symptome des Erfrierens fest. Man stellte jedoch auch fest, daß das Kühlsystem versehentlich gar nicht eingeschaltet war. Der Arbeiter starb, weil er fest geglaubt hatte, er könne in der Kälte des Wagens nicht überleben. Ein pessimistischer Glaube kann also in Extremfällen sogar zum Tod führen.

Viele Menschen, die einen Psychotherapeuten aufsuchen, leiden vor allem unter ihrer pessimistischen Einstellung. Sie halten sich für Pechvögel und ziehen gerade aus diesem Grund Krankheit und Pech auf sich.

Was sind die Ursachen für eine optimistische oder pessimistische Einstellung zum Leben? Die Psychologen sind der Ansicht, daß Pessimismus bzw. Optimismus nicht angeboren ist, sondern in der Kindheit erlernt wird. Kinder pessimistischer Eltern sind meist auch pessimistisch. Sie übernehmen diese Grundhaltung von ihren Eltern und sind später nur schwer in der Lage, eine neue, hoffnungsvollere Einstellung zum Leben zu gewinnen.

Optimismus und Pessimismus sind typisch menschliche Grundhaltungen. Der Mensch ist sich bewußt, daß er auf eine unbekannte Zukunft gerichtet ist. Mit dem Verstand kann er über die Zukunft keine Gewißheit erhalten, deshalb baut er Erwartungen auf, die entweder hoffnungsfroh oder voll Zweifel sind.

Die Kraft dieser elementaren Zukunftserwartungen wurde zu Anfang in extremen Beispielen geschildert. Aber auch im Alltag wirkt sich der Optimismus aus. Seine Macht ist erstaunlich groß. Der Optimist geht davon aus, daß er Erfolg hat. Deshalb ist er in 85% seiner Handlungen auch tatsächlich erfolgreich.

Wie kann das erklärt werden? Der Optimist setzt seine Fähigkeiten und Kräfte unbewußt optimal richtig ein. Er handelt mit positiver, aufgeschlossener Einstellung, während der Pessimist zögert, voll Zweifel ist und dadurch seine Fähigkeiten nicht unbefangen und mutig einsetzt und so den Mißerfolg heraufbeschwört.

Zehn Tips zur Überwindung des Pessimismus

1 Je mehr Sie mit einem Mißerfolg Ihrer Handlungen rechnen, desto sicherer wird er aufgrund Ihrer negativen Erwartungen eintreten. Sie sollten sich deshalb stets die Kraft der positiven Erwartung bewußtmachen. Hoffnung und Optimismus ziehen den Erfolg an.

2 Versuchen Sie, auch bei unangenehmen Ereignissen irgend etwas Positives zu finden. Dadurch vergrößern Sie auch eine geringe Erfolgschance, weil Sie optimistischer, dynamischer handeln können.

3 Versuchen Sie, tatsächliche Mißerfolge mit Humor zu nehmen. Wer Humor hat, wird ein negatives Erlebnis und den damit auftauchenden Pessimismus leichter überwinden können.

4 Grübeln Sie über Ihre Probleme nicht zu intensiv nach. Stellen Sie sich nicht in der Phantasie den negativen Ausgang vor, sondern setzen Sie Ihre ganzen Kräfte ein, erfolgreich zu handeln.

5 Versuchen Sie, in allen Situationen herauszufinden, welches Verhalten für Sie mit der positivsten Wirkung verbunden ist, dann werden sich bald kleine Erfolge einstellen. Das wird Ihre Zuversicht stärken.

6 Lassen Sie sich nicht zum »Zweckpessimismus« verleiten. Er entspringt dem Wunsch, sich vor möglichen Enttäuschungen rechtzeitig zu wappnen. Dies ist eine Schwäche, gegen die Sie unbedingt ankämpfen sollten.

7 Stellen Sie bei einer gescheiterten Problemlösung nicht die Anzahl Ihrer Fehler heraus, sondern die Zahl Ihrer richtigen Lösungen. Fehler entmutigen und bewirken eine Abnahme der Zuversicht für kommende Probleme. Wenn Sie von 10 Aufgaben 5 richtig und 5 falsch gelöst haben, dann haben Sie 5 richtige Lösungen und nicht 5 Fehler.

8 Versuchen Sie, in Ihrer Freizeit mit optimistischen Menschen zusammenzukommen, und beobachten Sie ihr Verhalten. Durch Beobachtung können Sie eine optimistische Einstellung lernen. Außerdem springt der Optimismus unbewußt auf Sie über.

9 Machen Sie sich immer wieder klar, daß Pessimismus nicht angeboren ist. Wie viele andere menschliche Grundhaltungen läßt sich auch der Pessimismus abbauen und in eine neue Denkhaltung, den Optimismus, überführen.

10 Wenn Sie mit einer optimistischen Einstellung Erfolg hatten, machen Sie sich klar, daß dieser Erfolg auch auf Ihren Optimismus zurückzuführen ist.

Test 3

Sind Sie vorsichtig?

Lesen Sie die folgenden 24 Fragen bitte aufmerksam
durch. Kreuzen Sie zu jeder Frage Ihre Antwort an. Nur
wenn Sie sich gar nicht entscheiden können, sollten Sie
das Feld »weiß nicht« ankreuzen.

Beispiel:

Halten Sie das Anschnallen in Flugzeugen bei Start und
Landung für überflüssig?

✖	nein	weiß nicht

Test:

1. Sie haben sich vorgenommen, an einem Wochenende
   im Winter einen Ausflug mit dem Auto zu machen. Ein
   plötzlicher Wetterumschwung bringt verschneite Straßen. Würden Sie trotzdem fahren?

ja	nein	weiß nicht

2. Trauen Sie sich zu, ohne Vorkenntnisse, aber nach ge-
   nauer Anweisung alleine ein Segelflugzeug zu steuern?

ja	nein	weiß nicht

3. Würden Sie die oberste Plattform des Eiffelturms betreten, wenn sich dort kein Geländer befände?

ja	nein	weiß nicht

4. Durch eine Glückssträhne im Spielkasino haben Sie schon relativ viel gewonnen. Würden Sie versuchen, Ihren Gewinn noch zu vergrößern?

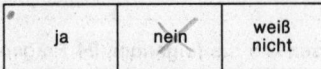

5. Stimmt es, daß Sie noch nie Bedenken hatten, im Badezimmer Elektrogeräte zu benutzen?

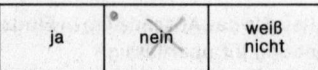

6. Trauen Sie sich zu, mit 1,5 Promille Alkohol im Blut noch gut Fahrrad fahren zu können?

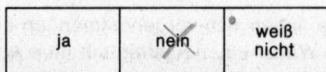

7. Würden Sie an Ihrem Auto immer nur die nötigsten Reparaturen ausführen lassen?

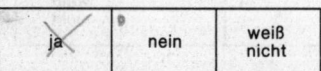

8. Würden Sie als Autofahrer an Stellen überholen, die nicht hundertprozentig zu übersehen sind?

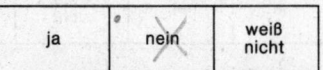

9. Würden Sie ohne Bedenken an einem Flug mit einem Freiballon über die Alpen teilnehmen?

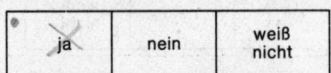

10. Würden Sie einen Löwen, der betäubt wurde, anfassen?

ja	nein	weiß nicht

11. Finden Sie es ungefährlich, im Bett zu rauchen?

ja	nein	weiß nicht

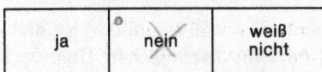

12. Haben Sie mehr Freude an einem Kartenspiel, wenn Sie dabei um Geld spielen?

ja	nein	weiß nicht

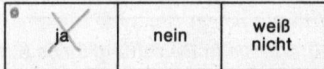

13. Haben Sie schon einmal etwas Gefährliches unternommen, weil Sie der damit verbundene Nervenkitzel reizte?

ja	nein	weiß nicht

14. Würden Sie als Autofahrer eine Abkürzung über Straßen benutzen, von denen Sie nicht genau wissen, wie gut sie ausgebaut sind, wenn Sie dabei 30 Minuten eher Ihr Ziel erreichen?

ja	nein	weiß nicht

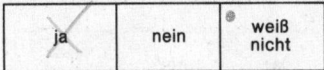

15. Würden Sie als Nichtschwimmer vom 3-Meter-Brett springen, wenn Ihnen jemand 100 DM dafür anbietet?

ja	nein	weiß nicht

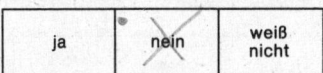

16. Könnte es in Ihrem Haushalt vorkommen, daß Ihre Waschmaschine läuft, wenn niemand in der Wohnung ist?

ja	nein	weiß nicht

17. Halten Sie einen Feuerlöscher in der Wohnung für überflüssig?

ja	nein	weiß nicht

18. Meinen Sie, daß es unnötig ist, daß jedes Auto alle zwei Jahre dem Technischen Überwachungs-Verein (TÜV) vorgeführt werden muß?

ja	nein	weiß nicht

19. Würden Sie in Begleitung eines Kindes eine Straße bei roter Ampel überqueren?

ja	nein	weiß nicht

20. Sind Sie gegen Sicherheitsgurte im Auto?

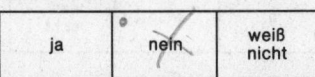

ja	nein	weiß nicht

21. Ist es richtig, daß Sie Gebrauchsanweisungen meistens nicht durchlesen?

ja	nein	weiß nicht

22. Verhalten Sie sich im Straßenverkehr anders, wenn Sie in Eile sind?

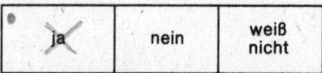

23. Sie wollen für einen Bekannten ein Hemd kaufen, wissen aber die Größe nicht genau. Kaufen Sie trotzdem das Hemd?

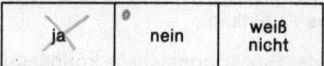

24. Kurz vor Erreichen eines Berggipfels beobachten Sie, daß ein Unwetter im Anzug ist. Versuchen Sie, den Gipfel noch schnell zu erreichen, bevor Sie umkehren?

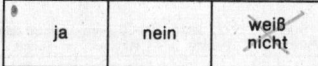

Testauswertung

Um Ihre Punktsumme zu errechnen, zählen Sie die Anzahl Ihrer »ja«-Antworten, »nein«-Antworten und »weiß nicht«-Antworten zusammen. Jedes »nein« zählt 2 Punkte, jedes »weiß nicht« 1 Punkt. »Ja«-Antworten erhalten keinen Punkt. Die so errechnete Summe ergibt Ihre Punktzahl.

In der Bewertungstabelle können Sie unter Ihrer Punktzahl – je nach Altersgruppe – nachsehen, wie ausgeprägt Ihre Vorsicht ist.

14-16 Jahre Punkte	17-21 Jahre Punkte	22-30 Jahre Punkte	über 30 Jahre Punkte	Ausprägung der Vorsicht
42 - 48	40 - 48	40 - 48	42 - 48	sehr stark
40 - 41	34 - 39	33 - 39	38 - 41	stark
34 - 39	31 - 33	29 - 32	33 - 37	durchschnittlich Tendenz nach stark
25 - 33	23 - 30	22 - 28	28 - 32	durchschnittlich Tendenz nach schwächer
0 - 24	0 - 22	0 - 21	0 - 27	schwächer

ja 10 × 0
nein 13 × 2   *} 27 P*
weiß nicht 1 × 1

Das bedeutet die Bewertung

Sehr stark
Sie besitzen eine sehr vorsichtige Einstellung und sind nicht bereit, irgendein Risiko einzugehen. Sie sind stets auf Sicherheit bedacht. Diese Haltung kommt auch im Kontakt mit anderen Menschen zum Ausdruck: Sie neigen deshalb zur Zurückhaltung und Skepsis.

Stark
Sie sind vorsichtiger als viele Personen Ihrer Altersgruppe. Sie meiden möglichst jedes Risiko und gehen auf Nummer Sicher. Ihre stark ausgeprägte Vorsicht bewirkt auch im Kontaktverhalten mit anderen Menschen Ihre Zurückhaltung.

Durchschnittlich (Tendenz nach stark)
Sie besitzen eine normal ausgeprägte Vorsicht, die im Durchschnittsbereich liegt. Innerhalb dieses Durchschnittsbereichs tendiert Ihre Vorsicht eher zu einer stärkeren Ausprägung. Sie neigen also selten zum Leichtsinn.

Durchschnittlich (Tendenz nach schwächer)
Sie besitzen eine normal ausgeprägte Vorsicht, die im Durchschnittsbereich liegt. Innerhalb dieses Durchschnittsbereiches tendiert Ihre Vorsicht eher zu einer schwächeren Ausprägung. Sie neigen also etwas zur Risikofreude und sind dabei auch manchmal etwas leichtsinnig.

Schwächer
Sie neigen eher zum Leichtsinn als zur Vorsicht. Ihre Risikofreude und Unbekümmertheit kann natürlich auch vorteilhaft sein: Sie besitzen eine aufgeschlossene Kontaktbereitschaft und gehen mit Optimismus an die Probleme des Lebens heran. Dennoch sollten Sie versuchen, in Zukunft etwas weniger leichtsinnig zu sein, das hat ja nichts mit Feigheit zu tun.

Beratungsteil # Die richtige Einstellung zum Risiko

Besonders Verkehrspsychologen haben das Problem der »Einstellung zum Risiko« untersucht. Die Kölner Wissenschaftler Schneider und Spoerer verglichen das Fahrverhalten und die Einstellung unfallfreier und unfallbelasteter Autofahrer miteinander. Es konnten einige interessante Unterschiede festgestellt werden. Der unfallreiche Fahrer neigt zu riskantem Verhalten. Seine Risikofreude äußert sich in typischen Verhaltensweisen und Einstellungen zum Straßenverkehr:

- Wagemut und rasantes Fahren
- Keine Anpassung an die Verkehrsverhältnisse
- Unbekümmertes Drauflosfahren, starke Durchsetzungstendenz
- Geringes Verständnis für andere, Rücksichtslosigkeit
- Ablehnung vieler Verkehrsregeln
- Leicht aus der Ruhe zu bringen, aggressiv
- Teilweise erhebliche Überschätzung der eigenen Fähigkeiten

Welche Rückschlüsse lassen sich auf den Charakter des unvorsichtigen Menschen ziehen? Er kann sich selbst und die Umwelt mit ihren Gefahren schwer richtig einschätzen, und er baut auf seinen Erfolg, auch wenn dieser ungewiß ist. Der Unvorsichtige ist unbekümmert und sorglos, lebt für den Augenblick und plant seine Zukunft nur sehr vage oder gar nicht. Wenn Regeln und Gesetze seine Lebensfreude vermindern, mißachtet er sie. Er ist leichtsinnig und findet sinnvolle Vorsichts- und Vorbeugemaßnahmen überflüssig. Anpassungsfähigkeit, Geduld und hohe seelische Belastbarkeit sind nicht seine Stärken.

Der amerikanische Psychiater Dr. S. L. Brown kam zu dem Ergebnis, daß besonders drei Faktoren den leichtsinnigen, unvorsichtigen Menschen kennzeichnen:

- Geringes Beachten von Vorschriften
- Geringe Belastbarkeit in Streß-Situationen
- Schwache Frustrations-Toleranz (rasches Aufbrausen und aggressives Verhalten) nach Enttäuschungen oder Mißerfolgen

Unvorsichtige Menschen besitzen ein starkes Geltungsbedürfnis. Das veranlaßt sie, Gefahren zu mißachten, um den Mitmenschen zu zeigen, was sie können und wie mutig sie sind.

Das übersteigerte Geltungsbedürfnis führt auch dazu, daß die eigenen Fähigkeiten nicht objektiv richtig eingeschätzt werden. Der Unvorsichtige neigt zur Überschätzung seiner Fähigkeiten.

Nicht jede Freude am Risiko ist mit waghalsigem Leichtsinn verbunden, das demonstrierte der dreifache Weltmeister Jackie Stewart. Obwohl er oft erklärte, daß ihn die Aufregung, der Nervenkitzel und das Risiko faszinieren, war er einer der Rennfahrer, die sich besonders engagiert für Sicherheitsmaßnahmen einsetzten. Seine Fahrweise zeigte, daß er das Risiko immer auf einem Minimum hielt und Rennen äußerst vorsichtig fuhr.

Vor einer zu risikofreudigen Haltung wurde gewarnt, aber auch der übervorsichtige Mensch ist kein Ideal. Er steht dem Leben zu pessimistisch gegenüber, sieht überall Gefahren, die er überbewertet, und unternimmt selten etwas, das er nicht bis ins kleinste Detail geplant hat. Die Folge ist eine Einbuße an Lebensfreude. Ängstlichkeit und das Bestreben, bestehende Normen und Regeln strikt einzuhalten, verschafft dem übervorsichtigen Menschen auch im Kontaktbereich Nachteile. Er ist den Mitmenschen gegenüber eher mißtrauisch, skeptisch und zurückhaltend eingestellt.

Vorsicht ist keine starre unveränderliche Haltung. Stimmungen, vor allem gehobene und ausgelassene, können die Vorsicht stark herabsetzen. Auch wer in Eile ist, persönliche Schwierigkeiten hat oder Aggressionen lange aufstaut, gibt seine sonst vorsichtige Haltung leicht auf.

Zehn Tips zum richtigen Risikoverhalten

1 Fragen Sie sich, wenn Sie sich riskant verhalten, warum Sie unvorsichtig sind.

2 Bedenken Sie bitte: »Vorsicht ist keine Feigheit und Leichtsinn kein Mut.«

3 Wenn Sie es eilig haben und deshalb zum Beispiel risikoreicher Auto fahren, machen Sie sich klar, wieviel Zeit Sie durch einen Unfall verlieren würden.

4 Denken Sie daran, daß Sie nicht nur für sich selbst verantwortlich sind, sondern auch für Ihre Mitmenschen.

5 Unvorsichtiges Verhalten kann viel größere Folgen haben als Vorsicht. Das sollten Sie in einer riskanten Situation bedenken.

6 Versuchen Sie, Ihr Verhalten der jeweiligen Situation anzupassen.

7 Tiere besitzen einen natürlichen Schutzinstinkt, der sie davor bewahrt, leichtsinnig zu sein. Der Mensch besitzt diesen Instinkt weniger ausgeprägt. Sie müssen also das richtige Verhalten in einer riskanten Situation rational abwägen.

8 Ein Bedürfnis nach Risiko ist unnatürlich. Der Drang nach Sicherheit ist größer.

9 Steigern Sie Ihre Selbstkritik. Dadurch passen Sie Ihr Verhalten Ihren Möglichkeiten und Fähigkeiten an.

10 Versuchen Sie Ihre psychische Ausgeglichenheit zu erhalten. Je ausgeglichener Sie sind, desto ausgewogener ist Ihr Risikoverhalten.

Test 4

Sind Sie unabhängig?

Lesen Sie die folgenden zwanzig Situationsschilderungen und Fragen bitte aufmerksam durch. Kreuzen Sie zu jeder Szene die Antwort an, die Sie von den drei Möglichkeiten (a, b, c) wählen würden.

Wenn Sie sich für keine der Möglichkeiten entscheiden können, kreuzen Sie bitte die an, die Sie noch am ehesten akzeptieren.

1. Sie sind mit mehreren Bekannten im Urlaub. Für den Abend schlagen sie den Besuch eines Lokals vor. Sie selbst würden jedoch lieber einen Spaziergang am Meer machen. Wie entscheiden Sie sich?

   a) Ich schließe mich meinen Bekannten an.

   b) Ich mache den Spaziergang am Meer allein.

   c) Ich versuche, meine Bekannten zu überreden, mit mir spazierenzugehen.

2. Sie haben sich für 16.00 Uhr in einem Café verabredet. Während Sie pünktlich sind, läßt Ihr Bekannter auf sich warten. Inzwischen ist es 16.30 Uhr geworden. Wie verhalten Sie sich?

   a) Ich warte nicht länger und verlasse das Café.

   b) Ich verlasse das Café und gebe dem Kellner eine Nachricht für meinen Bekannten.

   c) Ich warte weiter auf meinen Bekannten.

3. Sie haben in einer Lotterie DM 10000,– gewonnen und wollen sich jetzt einen zweisitzigen Sportwagen kaufen. Ihre Eltern und Freunde versuchen, Sie davon abzubringen; sie argumentieren, daß ein zweisitziger Sportwagen zu unpraktisch sei. Wie entscheiden Sie sich?

a) Ich lasse mich nicht von meinem Vorhaben abbringen und kaufe den Sportwagen.

b) Ich werde mir noch einmal überlegen, wie ich mich entscheide.

c) Ich lasse mich durch die Argumente überzeugen und kaufe den Sportwagen nicht.

4. Sie leben in ständigem Streit mit Ihrer Schwiegermutter. Sie werden von ihr nicht akzeptiert. Wie verhalten Sie sich am Geburtstag Ihrer Schwiegermutter?

a) Ich ignoriere ihren Geburtstag.

b) Ich gratuliere ihr nur telefonisch.

c) Meinem Ehepartner zuliebe besuche ich sie und gratuliere ihr persönlich.

5. Ein heftiger Ehestreit endet damit, daß der Ehemann beschließt, für ein paar Tage in ein Hotel zu ziehen. Wie beurteilen Sie diese Entscheidung?

a) Ich akzeptiere den Entschluß des Ehemannes nicht.

b) Ich toleriere seine Entscheidung.

c) Ich habe Verständnis für seine Reaktion, glaube aber, daß eine bessere Lösung des Konflikts möglich gewesen wäre.

6. Sie wurden zu einem offiziellen Empfang eingeladen. Wie stark richten Sie Ihr Verhalten nach den Regeln der Etikette?

a) stark

b) etwas

c) kaum

7. Sie haben auf eine schriftliche Stellenbewerbung eine Absage erhalten. Wie reagieren Sie darauf?

a) Ich bin sehr enttäuscht.

b) Es macht mir nicht viel aus und ich denke, daß es noch mehr Angebote gibt.

c) Ich ärgere mich über die Absage.

8. Sie haben sich um eine neue Stelle beworben. Der Personalchef fragt Sie bei Ihrer persönlichen Vorstellung, in welchem Ausmaß Sie Lob und Anerkennung durch Ihre Kollegen brauchen. Wie antworten Sie?

a) In mittlerem Maß.

b) In starkem Maß.

c) In geringem Maß.

9. Sie finden bei einem Waldspaziergang ein Portemonnaie mit 100 Mark. Was tun Sie?

a) Ich bringe das Portemonnaie zum Fundbüro, weil man Fundsachen immer abliefern muß.

b) Ich behalte die 100 Mark.

c) Ich behalte die 100 Mark, habe aber ein schlechtes Gewissen dabei.

10. Sie liegen abends im Bett und können vor lauter Sorgen nicht einschlafen. Wie häufig kommt das vor?

a) manchmal

b) nie

c) oft

11. In einer Diskussion mit Freunden wird die Behauptung aufgestellt, daß mit der Zugehörigkeit zu einer bestimmten Gesellschaftsschicht auch bestimmte Verpflichtungen verbunden sind. Wie stehen Sie zu dieser Behauptung?

a) Ich lehne diese Behauptung ab.

b) Ich stimme dieser Ansicht zu.

c) Ich stimme dieser Ansicht teilweise zu.

12. Sie sitzen im Wartezimmer eines Arztes. Ein anderer Patient beginnt ein Gespräch mit Ihnen und entwickelt Ansichten, die Ihrer Meinung nach völlig unsinnig sind. Können Sie in solchen Situationen offen aussprechen, was Sie denken?

a) selten

b) meistens

c) manchmal

13. In einem Buch über Psychologie lesen Sie den Satz: »Man sollte immer versuchen, sich zu beherrschen.« Was meinen Sie dazu?

a) Man sollte sich wirklich immer beherrschen.

b) Es ist meistens richtig, sich zu beherrschen.

c) Man sollte auch aufbrausen und die Beherrschung verlieren können.

14. Sie wollen sich einen neuen Pullover kaufen. Nehmen Sie Ihren Partner zum Kauf mit?

a) Ja, aber ich richte mich nicht unbedingt nach seiner Meinung.

b) Ja, ich kaufe nur etwas, was meinem Partner auch gefällt.

c) Nein, ich kaufe das, was mir gefällt.

15. Stellen Sie sich vor, Sie hätten ein Buch geschrieben, das gut verkauft wird. In einem Leserbrief stellt man Ihnen die Frage, ob es Ihnen vor allem auf den Verkaufserfolg ankommt oder ob Ihnen auch Anerkennung und gute Kritiken für Ihr Buch wichtig sind. Wie ist Ihre Meinung hierzu?

a) Es käme mir in erster Linie auf den guten Verkauf und den damit verbundenen Verdienst an.

b) Es wäre mir hauptsächlich der Verdienst wichtig. Anerkennung und gute Kritiken wären mir jedoch nicht gleichgültig.

c) Anerkennung und gute Kritiken wären mir ebenso wichtig wie ein guter Verdienst.

16. In einem Gespräch mit Arbeitskollegen behauptet einer: »Ein zufriedenes Leben ist nur möglich, wenn man viel Geld hat.« Was sagen Sie dazu?

a) Ich glaube, daß man auch mit wenig Geld ein glückliches Leben führen kann.

b) Ich stimme der Behauptung zu.

c) Ich glaube, daß eine gewisse finanzielle Freiheit nötig ist, um ein glückliches Leben führen zu können.

17. Sie sitzen in der Badewanne. Das Telefon läutet. Außer Ihnen ist niemand da. Wie verhalten Sie sich?

a) Ich steige aus der Badewanne, werfe mir ein Handtuch über und laufe ans Telefon.

b) Ich kümmere mich nicht um das Telefon und denke: Wer mich sprechen will, wird auch später noch einmal anrufen.

c) Ich zögere und warte erst ab, ob es nochmals läutet.

18. Sie sitzen in einem Lokal und hören, wie am Nebentisch jemand abfällig über Ihre Kleidung spricht. Wie verhalten Sie sich?

a) Ich versuche, noch aufmerksamer, aber unauffällig dem Gespräch am Nebentisch zuzuhören, bleibe aber ruhig.

b) Ich kümmere mich nicht um das Gespräch am Nebentisch.

c) Ich drehe mich um und sehe den Gast, der so negativ über mich spricht, vorwurfsvoll an.

19. Welche Situation ist für Sie besonders unangenehm: Eine Zurechtweisung durch Ihren Vorgesetzten, ein Streit mit Ihrem Partner oder eine ärztliche Behandlung.

   a) die Zurechtweisung

   b) der Streit

   c) die ärztliche Behandlung

20. Sie haben sich den ganzen Tag auf einen gemütlichen Abend zu Hause gefreut. Da bekommen Sie unerwartet Besuch von Bekannten. Wie verhalten Sie sich?

   a) Ich bin höflich, weil sie glauben sollen, daß ich mich über ihren Besuch freue.

   b) Ich sage meinen Bekannten, daß ich heute abend leider keine Zeit für sie habe.

   c) Ich bitte sie herein, kümmere mich aber nicht besonders um sie und schalte den Fernsehapparat ein.

Testauswertung

Um Ihre Punktsumme zu errechnen, kreuzen Sie bitte in der Tabelle die Punkte für jede Antwort bei den 20 Fragen an. Die addierten Punkte ergeben Ihre Punktzahl bei Test 4.

Frage	Antwort			Frage	Antwort		
	a	b	c		a	b	c
	Punkte	Punkte	Punkte		Punkte	Punkte	Punkte
1	0	2	(1)	11	2	0	(1)
2	2	1	(0)	12	0	(2)	1
3	(2)	1	0	13	0	1	(2)
4	2	1	(0)	14	(1)	0	2
5	0	(2)	1	15	2	1	(0)
6	(0)	1	2	16	(2)	0	1
7	(0)	(2)	1	17	(0)	2	1
8	(1)	0	2	18	(1)	2	0
9	0	(2)	1	19	(0)	1	2
10	(1)	2	0	20	(0)	2	1

Ihre Punktzahl $\boxed{14}$

In der Bewertungstabelle können Sie unter Ihrer Punktzahl – je nach Altersgruppe – nachsehen, wie ausgeprägt Ihre Unabhängigkeit ist.

14-16 Jahre Punkte	17-21 Jahre Punkte	22-30 Jahre Punkte	über 30 Jahre Punkte	Ausprägung der Unabhängigkeit
29 - 40	31 - 40	30 - 40	30 - 40	sehr stark
28	24 - 30	26 - 29	22 - 29	stark
24 - 27	21 - 23	21 - 25	18 - 21	durchschnittlich Tendenz nach stark
17 - 23	17 - 20	17 - 20	16 - 17	durchschnittlich Tendenz nach schwächer
0 - 16	0 - 16	0 - 16	0 - 15	schwächer

Das bedeutet die Bewertung

Sehr stark

Sie sind sehr unabhängig. Sie handeln nach Ihren individuellen Wünschen und richten sich nicht danach, was andere von Ihnen erwarten. Mit dieser Einstellung neigen Sie manchmal auch zu egoistischer Rücksichtslosigkeit.

Stark

Sie besitzen eine starke Unabhängigkeit und richten Ihr Verhalten meist nach Ihren eigenen Wünschen und Interessen. Viele Personen Ihrer Altersgruppe sind in ihrem Verhalten von den Erwartungen ihrer Mitmenschen abhängiger als Sie. Ihre Unabhängigkeit macht Sie in den Augen Ihrer Mitmenschen zum Individualisten.

Durchschnittlich (Tendenz nach stark)

Sie besitzen eine normale Unabhängigkeit, die im Durchschnittsbereich liegt. Innerhalb dieses Normalbereichs tendiert Ihre Unabhängigkeit eher zu einer stärkeren Ausprägung. Sie richten sich zwar nach den Wünschen und Vorstellungen Ihrer Umwelt, zeigen jedoch auch manchmal, daß Sie davon unabhängig sein können und wollen.

Durchschnittlich (Tendenz nach schwächer)

Sie besitzen eine normale Unabhängigkeit, die im Durchschnittsbereich liegt. Innerhalb dieses Normalbereichs tendiert Ihre Unabhängigkeit eher zu einer schwächeren Ausprägung. Sie lassen sich mitunter etwas zu stark von den Erwartungen und Wünschen Ihrer Mitmenschen beeinflussen. Sie neigen also leicht zur Abhängigkeit und Angepaßtheit.

Schwächer

Sie neigen dazu, Ihr Verhalten und Handeln relativ stark danach auszurichten, was die Menschen Ihrer Umgebung von Ihnen erwarten. Die konventionellen Regeln und Normen sind für Sie sehr maßgebend, und es gelingt Ihnen selten, das zu tun, was Sie selbst wirklich wollen und wünschen. Sie sollten versuchen, unabhängiger zu werden.

Beratungsteil # Werden Sie unabhängiger

In der ersten Aufgabe des Testteils wurden Sie mit dieser Situation konfrontiert: »Sie sind mit mehreren Bekannten im Urlaub. Für den Abend schlagen sie den Besuch eines Lokales vor. Sie selbst würden jedoch lieber einen Spaziergang am Meer machen. Wie entscheiden Sie sich?«

Wenn Sie sich Ihren Bekannten wortlos anschließen, sind Sie in dieser Situation abhängig von ihnen. Sie unterdrücken Ihren Wunsch, einen Spaziergang am Meer zu machen. Wenn Sie sich für die zweite Antwort »Ich mache den Spaziergang am Meer allein« entschieden haben, reagieren Sie besonders unabhängig. Sie handeln nach Ihren eigenen Wünschen und fühlen sich als Individualist.

Wenn Sie versuchen, Ihre Bekannten zu überreden, mit Ihnen spazierenzugehen, neigen Sie zwar zur Unabhängigkeit, wollen jedoch die Abhängigkeit von der Geselligkeit mit Ihren Bekannten nicht ganz aufgeben. Diese Antwort ist die diplomatischste Lösung. Sie streben Ihre Unabhängigkeit an, zeigen offen Ihre Wünsche, aber versuchen, aus der Gemeinschaft nicht zu individualistisch auszubrechen.

Unabhängigkeit wird von vielen Menschen angestrebt, sie läßt sich jedoch im Alltag schwer verwirklichen. Der Unabhängige will sich frei fühlen. Diese Freiheit ist jedoch nur schwer möglich, denn unabhängige Menschen müssen z. B. von der Meinung Ihrer Mitmenschen unabhängig sein, sie nehmen gesellschaftliche Normen weniger wichtig, sind streßstabil und außerdem wenig autoritätsgläubig.

Abhängige Menschen dagegen sind nachgiebig, angepaßt, autoritätsgläubig; das Urteil ihrer Mitmenschen ist ihnen wichtig, sie richten sich nach den Regeln und Normen der Gesellschaft und wollen nicht auffallen.

Totale Unabhängigkeit ist nicht erreichbar, denn Sie dürften dann keine Hoffnungen und Erwartungen haben, Sie müßten auch frei von allen Ängsten und Befürchtungen sein und keinen materiellen Besitz anstreben, der Sie bindet.

Der zivilisierte Mensch in der westlichen europäischen Kultur kann nicht total unabhängig sein. Er kann lediglich ein größeres Maß an Unabhängigkeit anstreben.

Betrachten Sie die folgenden Tips also nicht als eine Aufforderung zur absoluten Freiheit, sondern als einen Weg zur Befreiung und Entfaltung Ihrer Persönlichkeit.

Zehn Tips
für mehr Unabhängigkeit

1 Schreiben Sie auf einem Blatt Papier untereinander, wovon Sie abhängig sind, und daneben, wovon Sie sich unabhängig fühlen. Sie werden feststellen, daß Ihre Abhängigkeiten überwiegen. Überlegen Sie sich, welche Abhängigkeiten Sie zuerst ändern können.

2 Zur Unabhängigkeit gehört Mut und Selbstsicherheit. Lesen Sie nochmals den ersten Beratungsteil.

3 Unabhängigkeit wird von den Mitmenschen oft angefeindet. Lassen Sie sich davon nicht beirren.

4 Unabhängigkeit gibt Ihnen das Gefühl, daß Sie Ihr eigenes Leben leben und nicht von Fremdeinflüssen gelebt werden. Das verschafft Ihnen mehr Selbstsicherheit, die Sie ohne Scheu mit Stolz erleben können.

5 Sie werden unabhängiger, wenn Sie Ihre Einstellung zu Regeln, Normen und Besitz lockern. Es muß Ihnen bewußt werden, daß Sie viele Werte überbewerten.

6 Wenn Sie sich von den Wertvorstellungen der Gesellschaft und der Mitmenschen etwas lösen, stellen Sie fest, daß Sie sich weniger ärgern, wenn einmal etwas nicht so klappt, wie Sie erwartet haben. Sie werden durch mehr Unabhängigkeit also gelassener.

7 Eine freiere Einstellung zu den Problemen, die Sie bisher versklavt haben, fördert Ihr seelisches Wohlbefinden und macht Sie gesünder.

8 Versuchen Sie, anderen Menschen im Gespräch ihre Abhängigkeit klarzumachen. Dabei mobilisieren Sie auch eigene Kräfte für mehr Freiheit.

9 Es gibt Abhängigkeiten, die nicht beseitigt werden können, z. B. die Notwendigkeit, Ihren Lebensunterhalt zu verdienen, und die Erwartungen Ihrer Familie. Aber versuchen Sie, auch hier für mehr Freiheit einzutreten (z. B. beruflich für gleitende Arbeitszeit und in der Familie für ein Recht auf freie Entfaltung jedes Familienmitglieds).

10 Auch körperliche Krankheiten schränken Ihre Freiheit unabänderlich ein. Sie bleiben stets an Ihren Körper gebunden. Sie können aber freier und unabhängiger denken. Die Entfaltung Ihres Geistes ist an den Körper nicht gebunden (abgesehen von Geisteskrankheiten).

Test 5

Sind Sie selbstlos?

Sehen Sie sich die folgenden 18 Bilder bitte genau an. Beantworten Sie zu jedem Bild die Frage, indem Sie die nach Ihrer Meinung passendste Antwort (a, b oder c) ankreuzen. Antworten Sie gefühlsmäßig und spontan.

1. Woran könnte er denken?

a) Er denkt darüber nach, wie er seine schlechte finanzielle Lage aufbessern kann.

b) Ein guter Freund von ihm ist in eine Notlage geraten. Er überlegt, wie er ihm helfen kann.

c) Er erhielt im Urlaub einen Anruf von seiner Firma. Er soll seinen Urlaub wegen geschäftlicher Dinge abbrechen. Er fragt sich jetzt, ob dies wirklich nötig ist.

2. Worüber könnten die Geschäftsleute beraten?

a) Über die Festlegung der Urlaubstermine.

b) Über die Entlassung eines Kollegen.

c) Über ein Geschenk für einen Kollegen, der schon lange in der Firma ist.

3. Wen hat er angerufen?

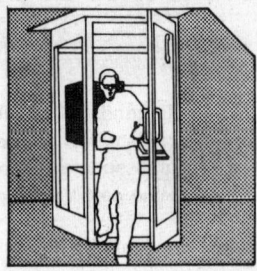

a) Die Polizei, weil er von einem Autofahrer angefahren wurde. Es ist ihm jedoch nichts passiert.

b) Das Krankenhaus. Er wollte sich erkundigen, wie es dem Freund geht, der gestern operiert wurde.

c) Er hat für einen Bekannten die Polizei angerufen.

4. Wie wird sich der Junge verhalten?

a) Obwohl der Junge besser spielt, läßt er das Mädchen gewinnen.

b) Er setzt alles daran, das Spiel zu gewinnen.

c) Der Junge merkt, daß er verliert. Er bricht deshalb das Spiel ab.

5. Was denkt der junge Mann?

a) Wie kann ich sie dazu bringen, daß sie mit zu mir nach Hause kommt?

b) Sie ist ein sehr nettes Mädchen.

c) Womit kann ich ihr wohl eine Freude machen?

6. Was denkt die junge Frau?

a) Auch wenn es einige Umstände erfordert, koche ich ihm doch gerne seine Diätkost.

b) Hoffentlich schmeckt ihm sein Lieblingsessen heute besonders gut. Vielleicht kann ich ihn dann überreden, mir ein neues Kleid zu kaufen.

c) Wenn er heute wieder über das Essen schimpft, muß ich einmal ernstlich mit ihm sprechen.

7. Woran denkt das Mädchen im Vordergrund?

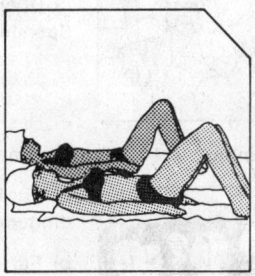

a) Hoffentlich werde ich genauso braun wie sie.

b) Es ist herrlich, am Strand zu faulenzen.

c) Ich freue mich, daß sie sich auch so wohl fühlt wie ich.

8. Woran denkt der Herr mit der Pfeife?

a) Er hat Kummer mit seiner Familie. Ob ich ihm irgendwie helfen kann?

b) Ich hätte gerne seinen Posten.

c) Ob diese Geschäftsreise wirklich nötig ist?

9. Wie verhalten sich die Jungen?

a) Sie lachen das Mädchen aus.

b) Sie helfen dem Mädchen sofort aus dem Wasser.

c) Sie denken »besser sie ist ins Wasser gefallen als ich«.

10. Worüber freuen sich diese vier Personen?

a) Über einen erfolgreichen Geschäftsabschluß.

b) Über den Konkurs der Konkurrenzfirma.

c) Über den Erfolg einer Spendenaktion.

11. Wofür demonstrieren diese Personen?

a) Für bessere Arbeitsbedingungen.

b) Für den Frieden in der Welt.

c) Für bessere Bildungschancen.

12. Worüber könnte sie glücklich sein?

a) Ihre beste Freundin hat geheiratet.

b) Ihr Mann hat eine Gehaltserhöhung bekommen.

c) Eine Kollegin hat eine schwierige Prüfung bestanden.

13. Warum bastelt das junge Mädchen?

a) Sie bastelt Spielzeug für Weihnachten.

b) Sie bastelt, weil es ihr Spaß macht.

c) Sie bastelt Spielzeug, das sie anschließend verkauft.

14. Was könnte die junge Frau im Zug beim Abschiednehmen denken?

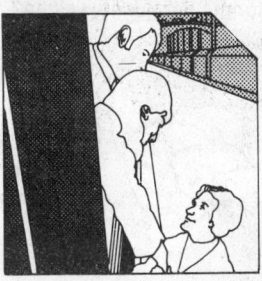

a) Es tut mir leid, daß sie außer uns niemanden mehr hat. Wir müssen sie bald wieder besuchen.

b) Vorerst brauchen wir sie nicht wieder zu besuchen.

c) Sie hat sich wirklich viel Mühe gegeben, um uns das Wochenende bei ihr angenehm zu gestalten.

15. Worüber könnte der Mann nachdenken?

a) Er denkt über Politik nach.

b) Er überlegt, wie er möglichst billig zu einem neuen Auto kommen kann.

c) Er überlegt, womit er seiner Frau eine kleine Freude bereiten kann.

16. Mit wem könnte dieser Geschäftsmann telefonieren?

a) Mit seiner Bank. Er erkundigt sich nach den Aktienkursen.

b) Mit einem ehemaligen Kollegen, der kürzlich fristlos entlassen wurde. Er erkundigt sich, ob er eine neue Stelle hat.

c) Mit einem Geschäftspartner über die neueste Preisentwicklung.

17. Warum könnte der Junge weinen?

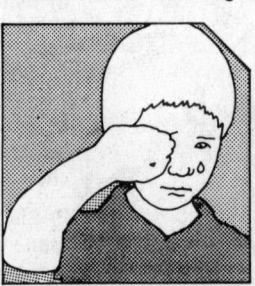

a) Er ist auf der Straße gefallen und hat sich verletzt.

b) Seine Mutter ist krank. Es tut ihm so leid, daß sie Schmerzen hat.

c) Er hat im Schaufenster eines Spielzeugladens ein Auto gesehen, das er gerne haben möchte. Seine Mutter kauft es ihm aber nicht.

18. Worüber denkt die Frau nach?

a) Sie denkt, daß ihr Mann vielleicht etwas verärgert ist, weil er lieber eine Flugreise gemacht hätte, als mit dem Wagen in Urlaub zu fahren.

b) Sie denkt, daß sie nur mitfährt, weil ihr Mann gerne einmal einen Urlaub im Gebirge verbringen möchte. Sie selbst wäre lieber in den Süden geflogen.

c) Sie denkt an den bevorstehenden Urlaub, auf den sie sich schon lange gefreut hat.

Testauswertung

Um Ihre Punktsumme zu errechnen, kreuzen Sie bitte in der Tabelle die Punkte für jede Antwort bei den 18 Fragen an. Die addierten Punkte ergeben Ihre Punktzahl bei Test 5.

	Antwort				Antwort		
	a	b	c		a	b	c
Frage	Punkte	Punkte	Punkte	Frage	Punkte	Punkte	Punkte
1	0	(2)	1	10	(1)	0	2
2	1	(0)	2	11	0	(2)	1
3	0	(2)	1	12	2	0	(2)
4	2	(0)	0	13	2	(1)	0
5	0	(1)	2	14	(2)	0	1
6	(2)	0	1	15	1	0	(2)
7	0	(1)	2	16	0	2	(1)
8	2	0	(1)	17	(1)	2	0
9	(0)	2	0	18	0	2	(1)

Ihre Punktzahl 22

In der Bewertungstabelle können Sie unter Ihrer Punktzahl – je nach Altersgruppe – nachsehen, wie ausgeprägt Ihre Selbstlosigkeit ist.

14-16 Jahre Punkte	17-21 Jahre Punkte	22-30 Jahre Punkte	über 30 Jahre Punkte	Ausprägung der Selbstlosigkeit
28 - 36	27 - 36	30 - 36	28 - 36	sehr stark
26 - 27	25 - 26	26 - 29	24 - 27	stark
23 - 25	21 - 24	22 - 25	18 - 23	durchschnittlich Tendenz nach stark
16 - 22	14 - 20	16 - 21	15 - 17	durchschnittlich Tendenz nach schwächer
0 - 15	0 - 13	0 - 15	0 - 14	schwächer

Das bedeutet die Bewertung

Sehr stark

Sie sind sehr selbstlos und stellen Ihren eigenen Vorteil häufig zurück. Sie besitzen Verantwortungsbewußtsein und Pflichtgefühl sowie im Kontakt mit Ihren Mitmenschen viel Mitgefühl, Opferbereitschaft und Einsatzfreude.

Stark

Sie besitzen eine selbstlose Einstellung und setzen sich für Ihre Freunde ein. Sie verzichten meist auf Ihren eigenen Vorteil, um anderen zu helfen. Viele Personen Ihrer Altersgruppe sind egoistischer eingestellt als Sie.

Durchschnittlich (Tendenz nach stark)

Sie besitzen eine normale Selbstlosigkeit, die im Durchschnittsbereich liegt. Innerhalb dieses Durchschnittsbereichs tendiert Ihre Selbstlosigkeit zu einer stärkeren Ausprägung.

Durchschnittlich (Tendenz nach schwächer)

Sie besitzen eine normale Selbstlosigkeit, die im Durchschnittsbereich liegt. Innerhalb dieses Normalbereichs tendiert Ihre Selbstlosigkeit eher zu einer schwächeren Ausprägung. Sie können manchmal eigene Interessen zurückstellen, neigen aber auch zum Egoismus.

Schwächer

Sie besitzen eine starke Neigung zum Egoismus. Bei Ihnen stehen häufig die eigenen egoistischen Interessen im Vordergrund. Sie sollten versuchen, selbstloser zu werden.

Beratungsteil # Werden Sie selbstloser

Ein Beispiel aus dem Alltag zeigt, daß Egoismus bzw. Selbstlosigkeit oft schwer zu erkennen ist. – Herr Müller kommt müde vom Büro nach Hause. Seine Frau bittet ihn, mit ihr am Abend ins Kino zu gehen. Wie könnte er sich verhalten?

1. Er willigt ein, murrt aber den ganzen Abend. – Seine Selbstlosigkeit wäre dann nur Schein. Er selbst hält sich jedoch für einen Märtyrer und glaubt, daß seine Frau egoistisch ist.

2. Er appelliert an das Verständnis seiner Frau. Sie soll auf seine Müdigkeit Rücksicht nehmen und den Kinobesuch verschieben. – Herr Müller nimmt keine Rücksicht auf die Wünsche seiner Frau. Er verhält sich also egoistisch. Anders wäre es, wenn er tatsächlich sehr müde ist und der Kinobesuch seiner Gesundheit schaden könnte. Dann wäre seine Frau egoistisch.

3. Er willigt ein und läßt sich nicht anmerken, daß er lieber zu Hause geblieben wäre. – Er will seiner Frau eine Freude machen, auch wenn das für ihn mit Unannehmlichkeiten verbunden ist. Er zeigt sich verständnisvoll und selbstlos. Warum handelt er so? Vielleicht, um ein Argument für den Fußballplatz zu haben. (»Ich bin damals mit dir ins Kino gegangen, also gehst du mit mir heute zu dem Fußballspiel.«) Unter diesen Umständen wäre die Selbstlosigkeit ein diplomatischer Schachzug und keine echte Selbstlosigkeit.

Es ist sehr schwer festzustellen, welches Verhalten egoistisch oder selbstlos ist. Die Selbstlosigkeit wird oft als Mittel zur Erpressung eingesetzt. Aus meiner Praxis kenne ich eine Mutter, die sich für ihre einzige Tochter mit übertriebener Liebe aufopferte. Die Tochter versuchte mehrmals, ihrer Mutter Freunde vorzustellen, die sich mit ihr verloben wollten. Aber stets hatte die Mutter etwas auszusetzen. Da die Tochter vom Urteil ihrer Mutter stark abhängig war, konnte sie sich nicht entschließen, eine Verlobung gegen den Willen der Mutter einzugehen.

Oberflächlich gesehen handelt die Mutter selbstlos. In Wahrheit war diese Selbstlosigkeit jedoch ein Mittel zur Erpressung; sie wollte verhindern, daß die Tochter heiratet, um nicht alleine zu sein. Die Erpressung war der Mutter nicht bewußt, denn die Tatsache, daß sie der Tochter die Männer aus egoistischen Gründen vergraulte, verdrängte sie. Sie hielt sich selbst für total selbstlos.

Der Egoist wird meist verurteilt. Es gibt jedoch auch einen »normalen« Egoismus, der mit dem Selbsterhaltungstrieb verbunden ist. Das Ziel des normalen Egoisten ist es, die Umwelt für sich zu erobern, um seine eigenen Möglichkeiten zu festigen und zu entfalten.

Den anomalen Egoisten dagegen befriedigt nicht, wenn er viel besitzt, er will stets mehr als die anderen, und er empfindet starke Rivalität zu den Mitmenschen. Dieser Egoismus ist mit Unzufriedenheit, Neid und Eifersucht gepaart. Selbstsüchtige Menschen können nie genug bekommen, sie sind besitz- und prestigegierig und dabei geizig. Den Mitmenschen gegenüber sind sie rücksichtslos, roh und kalt. Es macht ihnen nichts aus, andere Menschen gewissenlos auszunutzen, da sie Mitgefühl, Rücksicht und Einfühlung in sich unterdrücken.

Völlig selbstloses Verhalten gibt es selten. Es müßte reine Menschenliebe sein, ohne den Hintergedanken einer Vergeltung durch Anerkennung, Lob oder Erwartung des gleichen selbstlosen Verhaltens. Die Liebe kann die Kraft für dieses Verhalten geben, aber eben auch nur, solange die Liebe auf Gegenliebe trifft.

Die reine Menschenliebe, die keine Gegenleistung erhofft, ist nicht das Ziel dieses Beratungsteils. Das wäre ein frommer Wunsch, der durch drei bis vier Buchseiten nicht erfüllt werden kann. Reine Selbstlosigkeit ist in unserer Gesellschaftsstruktur, die Leistungs- und Konkurrenzdenken fördert, nicht denkbar. Der Beratungsteil will lediglich versuchen, den Egoismus etwas abzubauen.

Zehn Tips zur Überwindung des Egoismus

1 Selbstlosigkeit sollte nicht mit übertriebener Bescheidenheit verwechselt werden. Berechtigte Forderungen müssen Sie mit Nachdruck durchsetzen.

2 Versuchen Sie, Ihr Recht und das Ihrer Mitmenschen zu verteidigen. Wer Unrecht erkennt und nichts dagegen unternimmt, macht sich an diesem Unrecht mitschuldig.

3 Der Selbstlose ist also nicht kraftlos demütig, im Gegenteil, er kämpft für bessere Lebensbedingungen für sich selbst und die Mitmenschen.

4 Bereits als Kind werden Sie in der Schule auf den Konkurrenzkampf gedrillt. Deshalb fällt es Ihnen schwer, Ihre Mitmenschen nicht als Rivalen zu sehen. Wenn Ihnen die Rivalität klargeworden ist, können Sie den daraus entspringenden Egoismus leichter durchschauen und vielleicht auch abschwächen.

5 Ein Zeichen für Rivalität und Konkurrenzdenken ist das Neidgefühl. Anstatt sich über Erfolge sogar nahestehender Menschen zu freuen, werden diese Erfolge meist mißgönnt. Wenn Sie den Neid abbauen können, sind Sie ein gutes Stück weniger egoistisch geworden, dann verbessert sich außerdem Ihre Kontaktfähigkeit.

6 Berufliches Karrierestreben fördert den Egoismus. Lesen Sie nochmals den Beratungsteil über »richtigen« Ehrgeiz.

7 Egoismus vermindert sich, wenn man Einfühlungsvermögen besitzt und das eigene Verhalten daran orientiert, die Mitmenschen so zu behandeln, wie man selbst behandelt werden will.

8 Der Egoismus der Industrie hat dazu geführt, daß die Umwelt verschmutzt und die Natur zerstört wurde. Das ist ein Beispiel für die verheerenden Folgen des Egoismus, der nur an den eigenen Gewinn denkt und die Umwelt und Mitmenschen rücksichtslos ausbeutet.

9 Egoismus ist mit Lebensangst verbunden. Egoistisches Verhalten gibt eine momentane Sicherheit, die Angst kommt jedoch wieder – sogar verstärkt als Angst vor dem Egoismus der Mitmenschen.

10 Um die Lebensangst zu überwinden, sind Selbstsicherheit und Optimismus erforderlich. Lesen Sie deshalb die ersten beiden Beratungsteile.

Test 6

Besitzen Sie Menschenkenntnis?

Sehen Sie sich die folgenden 18 Bilder bitte genau an. Beantworten Sie zu jedem Bild die Frage, indem Sie die nach Ihrer Meinung richtige Antwort (a, b oder c) ankreuzen.

1. Welche der drei Eigenschaften würden Sie am ehesten in diesem Gesicht vermuten?

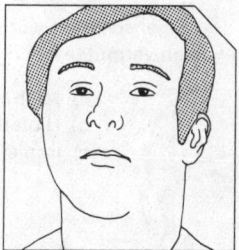

a) Demut
b) Verachtung
c) Unsicherheit

2. Welche der drei Eigenschaften würden Sie am ehesten in diesem Gesicht vermuten?

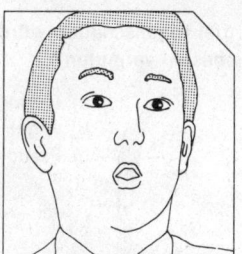

a) Verzückung
b) Angst
c) Überraschung

3. Welche der drei Eigenschaften würden Sie bei dieser Person am ehesten vermuten?

a) Resignation
b) Unterwürfigkeit
c) Überraschung

4. Welche der drei Eigenschaften würden Sie in diesem Gesicht am ehesten vermuten?

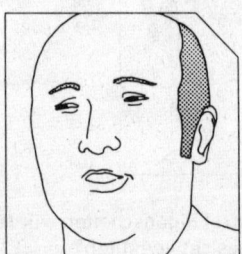

a) Mißtrauen
b) Hinterhältigkeit
c) Ironie

5. Welche der drei Eigenschaften würden Sie in diesem Gesicht am ehesten vermuten?

a) Geringschätzung
b) Ärger
c) Freude

6. Welche der drei Eigenschaften würden Sie in diesem Gesicht am ehesten vermuten?

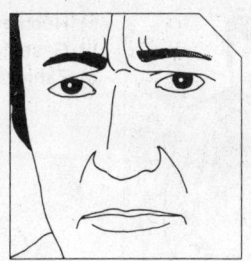

a) Trauer
b) Zorn
c) Ekel

7. Welche der drei Eigenschaften würden Sie in diesem Gesicht am ehesten vermuten?

a) Ärger
b) Angst
c) Mißtrauen

8. Welche der drei Eigenschaften würden Sie in diesem Gesicht am ehesten vermuten?

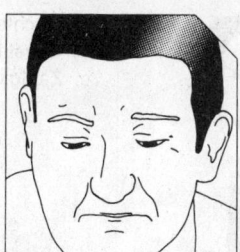

a) Furcht
b) Empfindsamkeit
c) Konzentration

9. Welche der drei Eigenschaften würden Sie bei dieser Person am ehesten vermuten?

    a) Nüchternheit
    b) Geselligkeit
    c) Zähigkeit

10. Welche der drei Eigenschaften würden Sie bei dieser Person am ehesten vermuten?

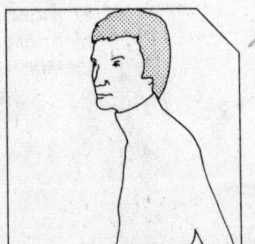

    a) Nüchternheit
    b) Geselligkeit
    c) Zähigkeit

11. Welche der drei Eigenschaften würden Sie bei dieser Person am ehesten vermuten?

    a) Nüchternheit
    b) Geselligkeit
    c) Zähigkeit

12. Bei welcher Schrift kann man am ehesten auf Kontaktfreude schließen?

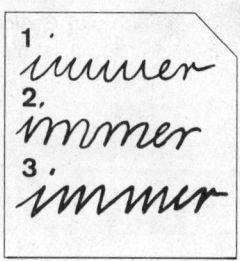

a) Schrift 1
b) Schrift 2
c) Schrift 3

13. Welche der drei Eigenschaften würden Sie bei einer Person mit dieser Schrift am ehesten vermuten?

a) Kontaktfreude
b) Zurückhaltung
c) Egoismus

14. Welche Person ist intelligenter?

a) Person 1
b) Person 2
c) ist nicht zu entscheiden

15. Welches Gesicht verrät mehr Kühnheit?

    a) Gesicht 1
    b) Gesicht 2
    c) ist nicht zu entscheiden

16. Welche der drei Eigenschaften würden Sie bei einer Person vermuten, die so spricht?

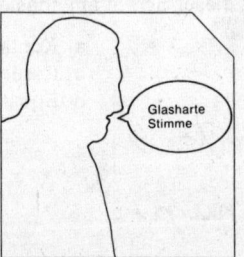

    a) Verachtung
    b) Mißtrauen
    c) Blasiertheit

17. Welche der drei Eigenschaften würden Sie bei einer Person vermuten, die so spricht?

    a) Schüchternheit
    b) Traurigkeit
    c) Heiterkeit

18. Welche der drei Eigenschaften würden Sie bei einer
Person vermuten, die so spricht?

Blaß
werdende Laute,
gedämpfte leise
Stimme

a) Verlegenheit
b) Ekel
c) Zurückhaltung

Testauswertung

In der Tabelle sind die richtigen Lösungen eingetragen. Kreuzen Sie bitte jede richtig gelöste Aufgabe an. Jedes Kreuz zählt einen Punkt.

1 b	10 a ✗
2 c ✗	11 b ✗
3 b	12 a
4 b ✗	13 b
5 a ✗	14 c ✗
6 b ✗	15 c
7 c ✗	16 a ✗
8 b	17 c
9 c ✗	18 c ✗

Zählen Sie jetzt die Anzahl Ihrer Kreuze zusammen. Die Summe ist Ihre Punktzahl.

In der Bewertungstabelle können Sie unter Ihrer Punktzahl – je nach Altersgruppe – nachsehen, wie ausgeprägt Ihre Menschenkenntnis ist.

14-16 Jahre Punkte	17-21 Jahre Punkte	22-30 Jahre Punkte	über 30 Jahre Punkte	Ausprägung der Menschenkenntnis
14 - 18	16 - 18	16 - 18	14 - 18	sehr stark
12 - 13	14 - 15	13 - 15	12 - 13	stark
10 - 11	11 - 13	11 - 12	11	durchschnittlich Tendenz nach stark
8 - 9	9 - 10	9 - 10	7 - 10	durchschnittlich Tendenz nach schwächer
0 - 7	0 - 8	0 - 8	0 - 6	schwächer

Das bedeutet die Bewertung

Sehr stark

Sie besitzen eine ausgezeichnete Menschenkenntnis. Es gelingt Ihnen fast immer, aus dem Verhalten und der äußeren Erscheinung (Mimik, Körperbau, Stimme) anderer Personen die richtigen Schlüsse zu ziehen. Andere können Ihnen nur schwer etwas vormachen.

Stark

Ihre Menschenkenntnis ist gut. Sie können Ihre Mitmenschen meist richtig einschätzen und beurteilen. Vielen Personen Ihrer Altersgruppe gelingt das nicht so gut wie Ihnen.

Durchschnittlich (Tendenz nach stark)

Sie besitzen eine normal ausgeprägte Menschenkenntnis, die im Durchschnittsbereich liegt. Innerhalb dieses Durchschnittsbereichs tendiert Ihre Menschenkenntnis zu einer stärkeren Ausprägung.

Durchschnittlich (Tendenz nach schwächer)

Sie besitzen eine normal ausgeprägte Menschenkenntnis, die im Durchschnittsbereich liegt. Innerhalb dieses Normalbereichs tendiert Ihre Menschenkenntnis eher zu einer schwächeren Ausprägung. Es gelingt Ihnen nicht immer, Ihre Mitmenschen spontan richtig einzuschätzen. Sie sollten sich also in die Mimik und Gestik anderer Personen aufmerksamer einfühlen.

Schwächer

Die Beurteilung des äußeren Eindrucks von fremden Personen ist nicht Ihre Stärke. Wenn Sie also nicht Gefahr laufen wollen, daß Ihre Schwäche ausgenutzt wird, sollten Sie versuchen, Ihre Menschenkenntnis in Zukunft durch mehr Aufmerksamkeit und die Sensibilisierung Ihrer Sinne zu verbessern.

Beratungsteil

Verbessern Sie Ihre Menschenkenntnis

Jeder Mensch besitzt eine mehr oder weniger gute Menschenkenntnis aufgrund seiner erlebten Erfahrungen. Diese intuitive Menschenkenntnis nimmt im Laufe des Lebens ständig zu. Ihre Menschenkenntnis trainieren Sie also am besten im Umgang mit vielen Menschen, durch genaues Beobachten.

Achten Sie auf die Mimik, Gestik, Sprechweise und den Körperausdruck Ihrer Mitmenschen. Erleben Sie die Signale des Ausdrucks bewußt mit offenen Augen und Ohren, um Ihre Sinne für die Nuancen zu schärfen.

Studieren Sie die mimischen Reaktionen auch bei Interviews im Fernsehen. Hier können Sie Personen beobachten, die sich sachlich mitteilen wollen, die oft auch ihre wirkliche Meinung zu verstecken versuchen und sich mit diplomatischem Geschick herausreden. Achten Sie auf die sparsamen, aber verräterischen Anzeichen der Mimik, Gestik und Stimme.

Gibt sich der Interviewte optimistisch, neutral, oder erkennen Sie eine leichte Depression? Zeigen sich Symptome von Nervosität und Unsicherheit durch unmotivierte Bewegungen der Hände (Kopfkratzen, Wangenstreichen, Fingertrommeln)? Ist die Wortwahl spontan, engagiert oder abwägend, langsam, vorsichtig? Aus diesen Merkmalen können Sie interessante Rückschlüsse ziehen, inwieweit Sie Vertrauen haben können oder vorsichtig sein müssen.

Die Menschenkenntnis unterliegt vielen Täuschungsmöglichkeiten und Irrtümern. Man fällt auf diese Täuschungen so leicht herein, weil sie unbewußt verlaufen, wie z. B. der sogenannte »Halo-Effekt«. Wenn Ihnen ein Mensch besonders sympathisch ist, dann neigen Sie dazu, ihm viele positive Eigenschaften zuzuschreiben.

Umgekehrt sehen Sie eine unsympathische Person in ihrem gesamten Charakterbild negativer. Sympathiegefühle verfärben also Ihre Menschenkenntnis.

Eine große Fehlerquelle bei der Beurteilung sind Vorurteile. Man hält Künstler für leichtlebig, Professoren für zerstreut und Studenten für politisch linksstehend. Vorurteile über Körpermerkmale: Schöne Frauen sind dumm, eine hohe Stirn läßt auf Intelligenz schließen, eine Hakennase bedeutet Kühnheit, wulstige Lippen zeigen Sinnlichkeit. Diese Vorurteile sind zwar bequem vereinfachend, aber man kommt zu falschen Schlußfolgerungen.

Ein sehr weit verbreiteter, heimtückischer Irrtum beruht auf der »projektiven Täuschung«. Man neigt dazu, in eine Person, die einer bereits bekannten Person (z. B. durch ihr Aussehen oder ihren sozialen Stand) ähnlich ist, ähnliche Eigenschaften hineinzusehen. Die Eigenschaften der bekannten Person werden in die ähnliche fremde Person projiziert.

Ein Beispiel: Herr Schmidt begegnet auf einer Einladung dem fünfzigjährigen Herrn Bambach, der aufgrund seiner Figur und seines Gesichtsausdrucks einem ehemaligen Chef gleicht, mit dem sich Herr Schmidt jedoch nicht gut verstand, weil er zynisch und autoritär war. Herr Schmidt betrachtet Herrn Bambach sehr skeptisch und vermeidet eine Unterhaltung, weil er in Herrn Bambach die Eigenschaften »zynisch und autoritär« hineinprojiziert. Herr Bambach ist jedoch sehr freundlich und überhaupt nicht autoritär. Hier hat Herrn Schmidts Menschenkenntnis aufgrund der »projektiven Täuschung« versagt.

Zehn Tips zur Verbesserung Ihrer Menschenkenntnis

1 Beurteilen Sie fremde Menschen nicht vorschnell. Lassen Sie sich etwas Zeit zum besseren Kennenlernen und Beobachten.

2 Achten Sie bei Gesprächen auf die unbewußten Signale der Mimik, Gestik, Stimme und Sprechweise, um Ihre Sinne zu schärfen.

3 Machen Sie sich von Vorurteilen frei, indem Sie jeden fremden Menschen zunächst neutral sehen.

4 Passen Sie auf, wenn Sie eine Person sympathisch oder unsympathisch finden, denn Sie unterliegen der Gefahr, eine graue oder rosarote Brille zu tragen.

5 Wenn Sie jemanden unsympathisch finden, sollten Sie diese Person besonders aufmerksam studieren, um herauszufinden, warum Sie dieses Gefühl haben.

6 Wenn Sie jemand an eine andere Person erinnert, müssen Sie Ihre Menschenkenntnis besonders unter Kontrolle halten, damit Sie keine falschen Eigenschaften in die Person hineinprojizieren.

7 Versuchen Sie nicht, in fremden Personen bestimmte »Typen« zu sehen. Dadurch wird Ihre Beurteilung zu stark vereinfacht.

8 Jeder Mensch ist ein individuelles Wesen mit unverwechselbaren Gefühlen und Eigenschaften.

9 Versuchen Sie nicht nur herauszufinden, wie ein Mensch ist, fragen Sie auch nach den Gründen für sein Verhalten.

10 Wenn Sie die Erfahrungen und Erlebnisse einer Person kennen, wissen Sie mehr über ihr Weltbild und können ihr Verhalten besser verstehen. Versuchen Sie, die Persönlichkeitsstruktur und den Charakter zu begreifen. Dann können Sie Ihre Menschenkenntnis auch in eine optimale Menschenbehandlung umwandeln.

Test 7

Sind Sie belastbar?

Lesen Sie die folgenden 18 Situationen bitte aufmerksam durch und überlegen Sie, wie Sie reagieren würden. Kreuzen Sie zu jeder Reaktionsweise an, ob sie bei Ihnen zutrifft (ja) oder nicht (nein). Am Beispiel verstehen Sie sofort, wie das gemeint ist.

Beispiel:

Nachts wache ich auf und höre ein Gepolter im Flur.

Wenn Sie gelassen, nicht aufgeregt, ohne Herzklopfen, mit kühlem Nachdenken, ohne Schwitzen und Angstgefühle reagieren würden, müßten Sie so ankreuzen.

Ihre Reaktion	ja	nein
Gelassenheit	✗	b
Aufregung	b	✗
Herzklopfen	b	✗
Kühles Nachdenken	✗	b
Schwitzen	b	✗
Angst	b	✗

Test:

1. Sie werden in einer Gesellschaft unerwartet gebeten, eine Rede zu halten.

Ihre Reaktion	ja	nein
Herzklopfen	b	a
Nervosität	b	a
Humor	a	b
Gelassenheit	a	b
Verlegenheit	b	a
Erröten	b	a

2. Sie kommen in eine Verkehrskontrolle. Sie haben es sehr eilig. Das bemerkt der Polizeibeamte und fertigt Sie deshalb besonders langsam ab.

Ihre Reaktion	ja	nein
Freundlichkeit	a	b
Aggression	b	a
Zittern der Hände	b	a
Gelassenheit	a	b
Innere Unruhe	b	a
Schwitzen	b	a

3. Sie wurden zu einem genauen Termin auf eine Behörde gebeten. Obwohl Sie pünktlich sind, läßt man Sie über eine Stunde warten.

Ihre Reaktion	ja	nein
Unfreundlichkeit	b	a
Wut	b	a
Beherrschung	a	b
Herzklopfen	b	a
Humor	a	b
Feuchte Hände	b	a

4. Sie haben in einem Lokal eine noch fast volle Flasche Wein umgestoßen.

Ihre Reaktion	ja	nein
Humor	a	b
Verlegenheit	b	a
Gleichgültigkeit	a	b
Stottern	b	a
Natürliches Lachen	a	b
Erröten	b	a

5. Sie haben in einem Restaurant zu Mittag gegessen und wollen bezahlen. Dabei stellen Sie fest, daß Sie Ihr Portemonnaie nicht bei sich haben.

Ihre Reaktion	ja	nein
Erröten	b	a
Ruhe	a	b
Herzklopfen	b	a
Humor	a	b
Verlegenheit	b	a
Schwitzen	b	a

6. Sie werden in der Straßenbahn beim »Schwarzfahren« erwischt.

Ihre Reaktion	ja	nein
Erröten	b	a
Gelassenheit	a	b
Zittern der Hände	b	a
Humor	a	b
Schamgefühl	b	a
Natürliches Lachen	a	b

7. Auf der Autobahn platzt Ihnen ein Reifen. Sie können Ihren Wagen am Fahrbahnrand zum Stehen bringen.

Ihre Reaktion	ja	nein
Gelassenheit	a	b
Wut	b	a
Schwitzen	b	a
Beherrschtheit	a	b
Unsicherheit	b	a
Herzklopfen	b	a

8. Sie kommen vom Einkaufen zurück. Als Sie die Wohnungstüre aufschließen, kommt Ihnen Wasser entgegen, denn Ihre Waschmaschine ist ausgelaufen.

Ihre Reaktion	ja	nein
Ruhe	a	b
Resignation	b	a
Zittern der Hände	b	a
Beherrschtheit	a	b
Wut	b	a
Humor	a	b

9. Sie müssen eine Prüfung ablegen. Der Prüfer ruft Sie mit unfreundlicher und harter Stimme ins Prüfungszimmer herein.

Ihre Reaktion	ja	nein
Erblassen	b	a
Zittern der Hände	b	a
Gelassenheit	a	b
Sicherheit	a	b
Schwitzen	b	a
Angst	b	a

10. Sie fahren alleine in einem Aufzug. Plötzlich bleibt der Aufzug zwischen zwei Stockwerken stehen.

Ihre Reaktion	ja	nein
Humor	a	b
Gelassenheit	a	b
Wut	b	a
Herzklopfen	b	a
Unwohlsein	b	a
Kühles Nachdenken	a	b

11. Sie kommen aus dem Urlaub zurück und haben mehr
Zigaretten und Spirituosen mitgebracht, als die Bestim-
mungen zulassen. Am Zoll werden Sie gebeten, Ihren
Koffer zu öffnen.

Ihre Reaktion	ja	nein
Gelassenheit	a	b
Aufregung	b	a
Sicherheit	a	b
Angst	b	a
Schwitzen	b	a
Zittern der Hände	b	a

12. In einer Diskussion werden Sie von allen ausgelacht,
weil sie Ihre Ideen für verrückt und falsch halten.

Ihre Reaktion	ja	nein
Erröten	b	a
Humor	a	b
Gelassenheit	a	b
Aufbrausen	b	a
Beherrschtheit	a	b
Verlegenheit	b	a

13. Sie haben sich mit einem guten Freund sehr gestritten.
Der Streit endet damit, daß Ihr Freund sagt: »Mit dir will
ich nichts mehr zu tun haben.«

Ihre Reaktion	ja	nein
Aggression	b	a
Gelassenheit	a	b
Humor	a	b
Unsicherheit	b	a
Herzklopfen	b	a
Beherrschtheit	a	b

14. Sie haben sich schriftlich um eine neue Stelle beworben
und sollen sich zu einem Gespräch mit dem Personalchef treffen. Er empfängt Sie mit der Bemerkung: »Ihr
Bewerbungsschreiben war ja nicht gerade eine Emp-
fehlung für Sie!«

Ihre Reaktion	ja	nein
Unsicherheit	b	a
Ruhe	a	b
Stottern	b	a
Erröten	b	a
Gelassenheit	a	b
Verlegenheit	b	a

15. Sie sind auf einer geselligen Veranstaltung und tanzen.
Ihr Partner sagt zu Ihnen: »Sie tanzen aber sehr
schlecht.«

Ihre Reaktion	ja	nein
Humor	a	b
Verlegenheit	b	a
Aufbrausen	b	a
Erröten	b	a
Gelassenheit	a	b
Natürliches Lachen	a	b

16. In einer Diskussion macht man Ihnen den Vorwurf: »Sie
haben wohl überhaupt keine eigene Meinung!«

Ihre Reaktion	ja	nein
Aggression	b	a
Beherrschtheit	a	b
Verlegenheit	b	a
Schwitzen	b	a
Gelassenheit	a	b
Stottern	b	a

17. Sie haben sich in einem Gespräch bloßgestellt. Ihre Gesprächspartner haben bemerkt, daß Sie sich durch Lügen und falsche Angaben Prestige verschaffen wollten.

Ihre Reaktion	ja	nein
Verlegenheit	b	a
Erröten	b	a
Stottern	b	a
Gelassenheit	a	b
Humor	a	b
Zittern der Hände	b	a

18. Ihr Vorgesetzter ist mit Ihrer Arbeit nicht zufrieden und kritisiert Sie.

Ihre Reaktion	ja	nein
Ruhe	a	b
Erröten	b	a
Beherrschtheit	a	b
Unsicherheit	b	a
Stottern	b	a
Verlegenheitslächeln	b	a

Testauswertung

Zählen Sie bitte bei allen 18 Aufgaben sämtliche Kreuze zusammen, die Sie bei »a« gemacht haben. Die Summe ergibt Ihre Punktzahl.

In der Bewertungstabelle können Sie unter Ihrer Punktzahl – je nach Altersgruppe – nachsehen, wie stark Ihre Belastbarkeit ausgeprägt ist.

14-16 Jahre Punkte	17-21 Jahre Punkte	22-30 Jahre Punkte	über 30 Jahre Punkte	Ausprägung der Belastbarkeit
96 - 108	98 - 108	100 - 108	104 - 108	sehr stark
88 - 95	90 - 97	88 - 99	92 - 103	stark
73 - 87	70 - 89	66 - 87	70 - 91	durchschnittlich Tendenz nach stark
47 - 72	50 - 69	50 - 65	50 - 69	durchschnittlich Tendenz nach schwächer
0 - 46	0 - 49	0 - 49	0 - 49	schwächer

63

Das bedeutet die Bewertung

Sehr stark

Sie besitzen eine sehr hohe seelische Belastbarkeit. Es ist kaum möglich, Sie in Verlegenheit zu bringen. Nur wenn es ganz dick kommt, verlieren Sie Ihre Gelassenheit und Ruhe.

Stark

Im Vergleich zu Ihrer Altersgruppe sind Sie seelisch stark belastbar. Es fällt schwer, Sie aus der Ruhe zu bringen. Auch wenn Sie sich einmal durch eine eigene Ungeschicklichkeit bloßstellen, werden Sie selten in Verlegenheit geraten.

Durchschnittlich (Tendenz nach stark)

Sie besitzen eine normale seelische Belastbarkeit, die im Durchschnittsbereich liegt. Innerhalb dieses Durchschnittsbereichs tendiert Ihre Belastbarkeit zu einer stärkeren Ausprägung.

Durchschnittlich (Tendenz nach schwächer)

Sie besitzen eine normale seelische Belastbarkeit, die im Durchschnittsbereich liegt. Innerhalb dieses Durchschnittsbereichs tendiert Ihre Belastbarkeit eher zu einer schwächeren Ausprägung. Sie verlieren in Streßsituationen manchmal Ihre Gelassenheit und Ruhe. Über eigene Fehler können Sie sich manchmal stark aufregen und seelisch aus dem Gleichgewicht geraten.

Schwächer

Sie neigen dazu, in unangenehmen Situationen leicht unruhig und verlegen zu werden. Sie sollten deshalb versuchen, auf kleinere Mißgeschicke mit Humor zu reagieren und in Zukunft eine gelassenere Einstellung zu gewinnen.

Beratungsteil # Werden Sie streß-stabiler

Während eines Jahres gibt es viele Belastungen, die oft unvermeidbar sind. Der amerikanische Psychologe Dr. Thomas Holmes von der Universität Seattle hat die häufigsten Streßsituationen in einer Tabelle zusammengestellt und ihre Auswirkungen auf die körperliche und seelische Gesundheit untersucht. Er gab den verschiedenen Streßsituationen je nach ihrer Belastungsstärke unterschiedliche Streßpunkte. Nach seiner Untersuchung dürfen im Laufe eines Jahres nicht mehr als 300 Punkte zusammenkommen. Bei 300 Punkten beobachtete er bedenkliche Krankheitssymptome (u. a. Herzanfälle und Schwermut).

Lesen Sie die Tabelle aufmerksam durch und kreuzen Sie Ihre eigenen Streßpunkte innerhalb des letzten Jahres an.

Streßsituation

Tod des Ehegatten	100
Scheidung	73
Ehetrennung	65
Gefängnisstrafe	63
Tod eines nahen Familienmitglieds	63
Unfall oder Krankheit	53
Eheschließung	50
Kündigung durch Arbeitgeber	47
Eheliche Versöhnung	45
Pensionierung	45
Krankheit in der Familie	44
Schwangerschaft	40
Sexuelle Schwierigkeiten	39
Familienzuwachs	39
Veränderung der finanziellen Situation	38
Tod eines nahen Freundes	37
Versetzung auf einen anderen Arbeitsplatz	36
Mehr oder weniger Streit mit dem Ehegatten	35

Die Streßverträglichkeit ist unterschiedlich ausgeprägt. Eine Streßsituation, die einen Menschen zum Zusammenbruch bringt, schüttelt ein anderer (mit »dickem Fell«) mühelos ab. Im Testteil haben Sie den Grad Ihrer Belastbarkeit überprüft. Die Streßtabelle sagt Ihnen, wie hoch Ihre Streßpunkte im vergangenen Jahr waren. Die beiden Werte können Sie nun zueinander in Beziehung setzen. Wenn Sie die kritische Punktzahl 300 erreichen, sollten Sie im Test eine gute Belastbarkeit erzielt haben. Ist Ihre Belastbarkeit dagegen gering ausgeprägt, sollten Sie ein Gespräch mit einem Psychotherapeuten oder Psychologen führen.

Die häufigsten Streßsituationen liegen in den Bereichen Ehe und Beruf. Sie müssen sich täglich den Belastungen der Arbeitswelt anpassen. Das sind: zu großes Arbeitspensum, Termindruck, Mitarbeiter versagen, Sie

müssen bei Pannen einspringen, Sie werden gestör
und unterbrochen, der Lärm ist zu groß, Intrigen de
Kollegen, schlechtes Betriebsklima, Ihr Vorgesetzter ha
Sie übergangen usw.

Diese Streßbelastungen können Sie nicht vermeiden
Aber Sie können Ihre Einstellung dazu verändern. Di
falsche Einstellung, die berufliche Belastungen noc
verstärkt, ist: Zu starker Ehrgeiz, Prestigestreben, über
höhte Karriereziele, Überschätzung der eigenen Fähig
keiten, der Aufstieg geht zu langsam, Selbstunsicher
heit und Ungeduld.

Belastungen sollten möglichst noch am gleichen Tag
verarbeitet werden. Sie sollten also nicht »eine Nach
darüber schlafen«, sondern noch am gleichen Tag mi
einem Freund oder dem Ehepartner Ihren Ärger durch
sprechen. Den Ausgleich schafft auch eine Belohnung
Belohnen Sie sich selbst durch ein gutes Abendessen
einen Kinobesuch oder ein Geschenk, das Sie sic
selbst machen.

Zehn Ratschläge zur Verbesserung Ihrer Streß-Stabilität

1 Analysieren Sie Ihre individuelle Streßsituation und stellen Sie fest, was Ihnen persönlich immer wieder zu schaffen macht. Machen Sie sich Gedanken darüber, wie Sie diese Streßsituationen in Zukunft verhindern können.

2 Wenn Sie keine Möglichkeit zur Veränderung Ihrer individuellen Streßverhältnisse sehen, versuchen Sie, Ihre Einstellung zu verändern.

3 Nehmen Sie nicht mehr so wichtig, was Sie bisher geärgert hat.

4 Kompensieren Sie Belastungen des Tages noch am gleichen Tag in Gesprächen und Belohnungen, die Sie sich selbst ermöglichen.

5 Versuchen Sie, eine Streßsituation vorauszuahnen, und stellen Sie sich schon rechtzeitig darauf ein.

6 Spannen Sie am Wochenende völlig aus, auch wenn Ihr Ehrgeiz Sie nicht ruhen lassen will (siehe Beratungsteil über den Ehrgeiz).

7 Verlassen Sie sich nicht auf Ihren Jahresurlaub als Streßausgleich. Der Urlaub bringt neuen Streß und genügt als alleiniger Ausgleich nicht.

8 Versuchen Sie, insgesamt mehr seelische Ausgeglichenheit zu erlangen. Beschäftigen Sie sich z. B. in Ihrer Freizeit mit Hobbys, Sport oder autogenem Training.

9 Körperliche Reaktionen auf Streß (Herzschmerzen, Schweißausbrüche, Kreislaufstörungen, Magen- und Darmstörungen) sind ein ernstzunehmendes Signal, bei dem Sie unbedingt zum Arzt gehen sollten.

10 Steigern Sie Ihr Selbstbewußtsein und versuchen Sie, eine optimistische Lebenseinstellung zu gewinnen. Einige Ratschläge dazu finden Sie in den ersten beiden Beratungsteilen dieses Buches.

Test 8

Sind Sie tolerant?

Lesen Sie bitte die folgenden 24 Behauptungen aufmerksam durch. Sie sollen zu jeder Behauptung die Stärke Ihrer Zustimmung angeben. Unter jedem Satz finden Sie eine Skala mit Bewertungen von 0 bis 6, die diese Bedeutungen haben:

0 = keine Zustimmung
1 = geringe Zustimmung
2 = etwas Zustimmung
3 = mittlere Zustimmung
4 = stärkere Zustimmung
5 = starke Zustimmung
6 = sehr starke Zustimmung

Kreuzen Sie bei jedem Satz die Zahl an, die den Grad Ihrer Zustimmung angibt. Antworten Sie spontan, und lassen Sie sich von Ihren Gefühlen leiten.

Beispiel:

»Reiche Leute sind glücklicher als arme.«

Wenn Sie dieser Behauptung gering zustimmen würden, müßten Sie auf der Skala die »1« ankreuzen.

Zustimmung:	keine	gering	etwas	mittel	stärker	stark	sehr stark
	0	✗	2	3	4	5	6

Test:

1. Wenn ich mitten in der Nacht durch das Schreien eines Nachbarkindes aufwache, bin ich sehr verärgert.

Zustimmung:	keine	gering	etwas	mittel	stärker	stark	sehr stark
	0	✗	2	3	4	5	6

2. Es fällt mir schwer, Leuten zuzuhören, die völlig andere Ansichten vertreten als ich.

Zustimmung:	keine	gering	etwas	mittel	stärker	stark	sehr stark
	0	1	2	3	4	5	6

3. Frauen sollten keine Möglichkeit haben, Verkehrsflugzeuge zu fliegen.

Zustimmung:	keine	gering	etwas	mittel	stärker	stark	sehr stark
	0	1	2	3	4	5	6

4. Als Personalchef einer Firma würde ich keine ehemaligen Strafgefangenen einstellen.

Zustimmung:	keine	gering	etwas	mittel	stärker	stark	sehr stark
	0	1	2	3	4	5	6

5. Als Theaterdirektor würde ich Besuchern, die im Pullover zu einer Premiere erscheinen, den Eintritt verwehren.

Zustimmung:	keine	gering	etwas	mittel	stärker	stark	sehr stark
	0	1	2	3	4	5	6

6. Ungehorsame Kinder müssen immer bestraft werden, damit sie Gehorsam lernen.

Zustimmung:	keine	gering	etwas	mittel	stärker	stark	sehr stark
	0	1	2	3	4	5	6

7. Alle Hippies und Gammler sollten zwei Jahre Militärdienst leisten.

Zustimmung:	keine	gering	etwas	mittel	stärker	stark	sehr stark
	0	1	2	3	4	5	6

8. Radikale politische Gruppen sollten verboten werden, weil sie den Frieden stören.

Zustimmung:	keine	gering	etwas	mittel	stärker	stark	sehr stark
	0	1	2	3	4	5	6

9. Nur wer hart arbeitet, sollte auch viel Geld verdienen.

Zustimmung:	keine	gering	etwas	mittel	stärker	stark	sehr stark
	0	1	2	3	4	5	6

10. Neuerungen gegenüber bin ich skeptisch eingestellt.

Zustimmung:	keine	gering	etwas	mittel	stärker	stark	sehr stark
	0	1	2	3	4	5	6

11. Nach Möglichkeit vermeide ich es, mit Menschen, die anders denken als ich, zu diskutieren.

Zustimmung:	keine	gering	etwas	mittel	stärker	stark	sehr stark
	0	1	2	3	4	5	6

12. Ich halte nichts von Damenfußball.

Zustimmung:	keine	gering	etwas	mittel	stärker	stark	sehr stark
	0	1	2	3	4	5	6

13. Gastarbeiter sollten nicht die gleichen Rechte haben wie die Bürger des Landes, in dem sie leben.

Zustimmung:	keine	gering	etwas	mittel	stärker	stark	sehr stark
	0	1	2	3	4	5	6

14. Ältere Menschen sollten sich nicht allzu modern kleiden

Zustimmung:	keine	gering	etwas	mittel	stärker	stark	sehr stark
	0	1	2	3	4	5	6

15. Ich bin Frühehen gegenüber skeptisch eingestellt.

Zustimmung:	keine	gering	etwas	mittel	stärker	stark	sehr stark
	0	1	2	3	4	5	6

16. Es sollte nicht erlaubt sein, in Mietwohnungen größere Haustiere (Hunde oder Katzen) zu halten.

Zustimmung:	keine	gering	etwas	mittel	stärker	stark	sehr stark
	0	1	2	3	4	5	6

17. Als Chef eines Unternehmens würde ich von meinen Mitarbeitern immer gute Leistungen und persönlichen Einsatz für die Firma erwarten.

Zustimmung:	keine	gering	etwas	mittel	stärker	stark	sehr stark
	0	1	2	3	4	5	6

18. Ich bejahe die Richtigkeit des Sprichwortes: »Wer einmal lügt, dem glaubt man nicht.«

Zustimmung:	keine	gering	etwas	mittel	stärker	stark	sehr stark
	0	1	2	3	4	5	6

19. Spitzensportler müssen bei wichtigen Wettbewerben immer ihre Höchstform zeigen.

Zustimmung:	keine	gering	etwas	mittel	stärker	stark	sehr stark
	0	1	2	3	4	5	6

20. Über die Neuheiten der Mode kann ich oft nur den Kopf schütteln.

Zustimmung:	keine	gering	etwas	mittel	stärker	stark	sehr stark
	0	1	2	3	4	5	6

21. Bei der Planung des Urlaubs sollten die Wünsche kleinerer Kinder nicht berücksichtigt werden.

Zustimmung:	keine	gering	etwas	mittel	stärker	stark	sehr stark
	0	1	2	3	4	5	6

22. Frauen sollten nicht so viel Alkohol trinken wie Männer.

Zustimmung:	keine	gering	etwas	mittel	stärker	stark	sehr stark
	0	1	2	3	4	5	6

23. Alle Rauschgiftsüchtigen gehören in eine geschlossene Besserungsanstalt.

Zustimmung:	keine	gering	etwas	mittel	stärker	stark	sehr stark
	0	1	2	3	4	5	6

24. Ich lasse mich nur ungern auf Meinungsverschiedenheiten ein.

Zustimmung:	keine	gering	etwas	mittel	stärker	stark	sehr stark
	0	1	2	3	4	5	6

Testauswertung

Um Ihre Punktsumme zu errechnen, zählen Sie bitte die in allen Aufgaben angekreuzten Zahlen zusammen. Die Summe ergibt Ihre Punktzahl. In der Bewertungstabelle können Sie unter Ihrer Punktzahl – je nach Altersgruppe – nachsehen, wie ausgeprägt Ihre Toleranz ist.

14-16 Jahre Punkte	17-21 Jahre Punkte	22-30 Jahre Punkte	über 30 Jahre Punkte	Ausprägung der Toleranz
0 - 10	0 - 13	0 - 9	0 - 15	sehr stark
11 - 12	14 - 16	10 - 15	16 - 31	stark
13 - 29	17 - 30	16 - 32	32 - 50	durchschnittlich Tendenz nach stark
30 - 62	31 - 49	33 - 48	51 - 60	durchschnittlich Tendenz nach schwächer
63 - 144	50 - 144	49 - 144	61 - 144	schwächer

Das bedeutet die Bewertung

Sehr stark
Sie sind sehr tolerant. Es stört Sie nicht, wenn jemand anderer Meinung ist als Sie, und auch extreme Standpunkte und ausgefallene Ideen können Sie akzeptieren.

Stark
Viele Personen Ihrer Altersgruppe sind intoleranter als Sie. Menschen mit anderen Ansichten können Sie gut verstehen. Sie sind weitgehend frei von Vorurteilen und sind Neuem gegenüber aufgeschlossen.

Durchschnittlich (Tendenz nach stark)
Sie besitzen eine normal ausgeprägte Toleranz, die im Durchschnittsbereich liegt. Innerhalb dieses Durchschnittsbereichs tendiert Ihre Toleranz zu einer stärkeren Ausprägung.

Durchschnittlich (Tendenz nach schwächer)
Sie besitzen eine normal ausgeprägte Toleranz, die im Durchschnittsbereich liegt. Innerhalb dieses Durchschnittsbereichs tendiert Ihre Toleranz eher zu einer schwächeren Ausprägung. Es fällt Ihnen mitunter schwer, Personen, die andere Ansichten haben, zu akzeptieren. Auch Neuem stehen Sie eher etwas skeptisch gegenüber.

Schwächer
Sie besitzen nur eine relativ geringe Toleranz. Es wäre Ihnen am liebsten, wenn alle Menschen genauso denken würden wie Sie, und es fällt Ihnen sehr schwer, andere Ansichten anzuerkennen. Neuem gegenüber sind Sie eher skeptisch eingestellt.

Beratungsteil   # Steigern Sie Ihre Toleranz

Wer seine Mitmenschen in ihrer Andersartigkeit (Anschauung, Sitten, Gewohnheiten, Hautfarbe, Alter, Lebensstil) akzeptieren kann, ist tolerant. Toleranz ist schwer zu erreichen, weil jeder Mensch zunächst von sich selbst und seinen eigenen Meinungen und Erfahrungen ausgeht. Schon in früher Kindheit werden die Spielregeln einer Gesellschaft gelernt und dann meist für richtig und unumstößlich gehalten.

Da der Mensch jedoch nicht an Instinkte gebunden ist, wie beispielsweise die Tiere, ist er in seiner Lebensweise und Weltanschauung nicht gebunden. Er kann sich seine Regeln und Normen des Zusammenlebens selbst gestalten. Aus diesem Grund haben sich die vielfältigsten Kulturen und Religionen im Laufe der Geschichte auf der Erde nebeneinander entwickeln und entfalten können.

Aber nicht nur die Kulturen sind aufgrund dieser »Instinktfreiheit« unterschiedlich, sondern auch die verschiedenen sozialen Schichten und Altersgruppen entwickeln verschiedene Denk- und Verhaltensweisen. Zum Beispiel entsteht der sogenannte Generationskonflikt aufgrund mangelnder Toleranz beider Seiten. Die Älteren wollen an ihren Traditionen festhalten, während die »Jungen« vieles umstürzen und aus ihrer Sicht besser machen wollen.

Vater und Sohn diskutieren über den Wehrdienst. Der Sohn versucht seinem Vater klarzumachen, daß er keinen Sinn im Militärdienst sieht und deshalb von seinem Recht Gebrauch machen will, den Militärdienst zu verweigern. Der Vater versteht seinen Sohn nicht, weil er in seiner Jugend den Militärdienst voll akzeptierte. Das war für ihn selbstverständlich. Es kommt zum Streit.

weil mangelnde Toleranzbereitschaft emotionale Erregung entfacht. Der Konflikt könnte leicht beigelegt werden, wenn beide Parteien sachlich ihre Argumente durchsprechen würden und jeder für den anderen dadurch mehr Verständnis hätte. Das Verständnis wächst automatisch in einer sachlichen Diskussion.

Glücklicherweise haben heute viele starre Normen nicht mehr die frühere Bedeutung, zum Beispiel wurden viele sexuelle Tabus abgebaut, u. a. hat sich die Einstellung zur Homosexualität und zum vorehelichen Geschlechtsverkehr gewandelt. Die Toleranz ist hier größer geworden.

Die Fähigkeit zur Toleranz ist mit gutem Selbstvertrauen gekoppelt. Wer unsicher und egoistisch ist, besitzt wenig Toleranz, weil er sich durch andersartige Menschen und Meinungen bedroht fühlt. Mit steigender Selbstsicherheit wächst die Bereitschaft zur Toleranz. Deshalb ist das Training der Selbstsicherheit der erste Schritt für mehr Toleranz.

Toleranz ist eine hohe Stufe der Persönlichkeitsentwicklung und gilt im Alter als Weisheit. Durch erworbene Lebensklugheit weiß der Weise, daß andersartige Menschen und Meinungen nichts Aufregendes, sondern etwas ganz Natürliches sind. Diese Erkenntnis erleichtert tolerantes Verhalten.

In Diskussionen können Sie Toleranz leicht beobachten. Intolerante Menschen sagen häufig »das war immer so, das wird auch so bleiben«, oder »dazu bist du zu jung (zu alt, zu dumm, zu arm usw.)«.

Der Intolerante sieht nur schwarz oder weiß. Die vielen Zwischentöne will er nicht gelten lassen. Gewöhnen Sie sich an, gerade auf die Zwischentöne zu achten. Bewerten Sie etwas also nicht nur nach richtig und falsch, sondern sehen Sie, daß einiges richtig und manches falsch ist. Auf diese Weise bekommen Sie ein klareres Bild von der Wirklichkeit.

Zehn Tips zur Steigerung Ihrer Toleranz

1 Jeder Mensch hat ein Recht, seine persönliche Meinung zu äußern. Versuchen Sie, zunächst einmal zuzuhören und die Meinung eines anderen zu verstehen.

2 Viele Normen, die früher ihren Sinn hatten, haben heute ihren Sinn verloren. Sehen Sie deshalb Normen und Spielregeln des Zusammenlebens im Licht ihrer Relativität.

3 Machen Sie sich von Vorurteilen frei, denn sie erschweren die Toleranz. Lesen Sie den Beratungsteil zur Menschenkenntnis.

4 Menschenliebe und Toleranz gehören zusammen, Menschenliebe erleichtert die Toleranz.

5 Sie sollten nie glauben, daß Ihre Ansichten allein gültig sind. Durch Toleranz sind Sie offen für neue Anregungen und Denkimpulse.

6 Toleranz erhält Sie psychisch gesund, weil Ihnen Aufregungen und Ärger erspart bleiben.

7 Wenn jemand nach Ihrer Meinung Unsinn erzählt, sollten Sie auch das tolerieren. Jeder kann sich irren, es besteht kein Grund, ihn deswegen zu verurteilen, auch wenn er auf diesem Unsinn weiterhin beharren sollte.

8 Toleranz fördert den Kontakt, weil sich die Mitmenschen von Ihnen akzeptiert fühlen. Sobald Sie das einmal bewußt erlebt haben, fällt Ihnen Toleranz in Zukunft bestimmt leichter.

9 Wenn Sie feststellen, daß Sie etwas total ablehnen, dann forschen Sie einmal nach, ob Sie vielleicht aus tieferliegenden Gründen Angst davor haben. Ihre Angst kann überwunden werden, wenn Sie die Ursache kennen und sich damit beschäftigen.

10 Mehr Toleranz gewinnen Sie nicht von einem Tag zum anderen. Dazu ist ein längerer Lern- und Erfahrungsprozeß erforderlich.

Test 9

Sind Sie ehrgeizig?

Lesen Sie bitte die folgenden 25 Sätze aufmerksam durch. Sie können jeden Satz entweder mit »stimmt«, »stimmt nicht« oder »stimmt teilweise« beantworten. Setzen Sie das Kreuz (x) in den dafür vorgesehenen Kreis. Richtige oder falsche Antworten gibt es bei diesem Test nicht, da es nur auf Ihre Meinung ankommt. Antworten Sie möglichst spontan. Sollten einige Fragen nicht auf Sie passen, dann versuchen Sie sich in die Situation zu versetzen. Antworten Sie gefühlsmäßig und spontan.

	stimmt	stimmt teilweise	stimmt nicht
1. Es ärgert mich, wenn Leute, die genauso intelligent sind wie ich, mehr erreichen.	◯	◯	⊗
2. Es ist mir sehr wichtig, daß andere Menschen meine Leistungen anerkennen.	◯	⊗	◯
3. Ich sehe mir auch Fernsehsendungen an, die mich weniger interessieren, von denen ich aber etwas lernen kann.	◯	◯	⊗
4. Ich bemühe mich, weniger gut ausgeprägte Fähigkeiten durch Training zu verbessern.	◯	⊗	◯
5. Es reizt mich, schwierigere Probleme zu lösen.	◯	◯	⊗

	stimmt	stimmt teilweise	stimmt nicht
6. Ich stecke mir immer ein bestimmtes Ziel, das ich erreichen möchte.	○	○	⊗
7. Ich arbeite oft in meiner Freizeit.	○	○	⊗
8. Ich würde gern wissen, wie ich meine Leistungen verbessern kann.	○	○	⊗
9. In meiner Schulzeit war ich mit meinen Leistungen nie so recht zufrieden.	○	⊗	○
10. Ich bin kein guter Verlierer.	○	○	⊗
11. Ich vergleiche meine Leistungen gern mit denen anderer Leute.	○	⊗	○
12. Für eine Tätigkeit, die wenig Anerkennung findet, könnte ich mich nicht begeistern.	○	⊗	○
13. Kritik nehme ich mir sehr zu Herzen.	○	⊗	○
14. Ich bin unzufrieden mit meinen Fähigkeiten und meinem Wissen.	○	○	⊗
15. Ich wäre in der Schule gerne Klassenbester gewesen.	○	○	⊗
16. Ich halte Menschen, die nichts leisten, für weniger wertvoll.	○	○	⊗

	stimmt	stimmt teilweise	stimmt nicht

17. Gesellschaftsspiele machen mir Spaß, weil ich immer versuche zu gewinnen.

18. Die berufliche Karriere ist mir wichtiger als vieles andere.

19. Ich hätte lieber eine etwas unsichere Stelle mit guten Aufstiegsmöglichkeiten als einen ruhigen und gesicherten Beamtenposten.

20. Ich wäre gerne Anführer einer Gruppe

21. Ein Mensch, der im Leben viel erreicht hat, ist mir von vornherein sympathisch.

22. Ich möchte mehr erreichen als meine Eltern.

23. Als Sportler würde ich nicht an Wettkämpfen teilnehmen, bei denen von vornherein feststeht, daß ich wahrscheinlich nur Letzter werden kann.

24. Als Vorgesetzter würde ich mich bemühen, auf allen Gebieten besser zu sein als meine Mitarbeiter.

25. Nur wenn ich eine gute Leistung vollbracht habe, bin ich zufrieden mit mir.

Testauswertung

Um Ihre Punktsumme zu errechnen, zählen Sie die Anzahl Ihrer Antworten bei stimmt, stimmt teilweise, stimmt nicht zusammen.

Für jedes »stimmt« erhalten Sie zwei Punkte, für jedes »stimmt teilweise« einen Punkt. Stimmt-nicht-Antworten erhalten keinen Punkt. Die errechnete Summe ergibt Ihre Punktzahl.

In der Bewertungstabelle können Sie unter Ihrer Punktzahl – je nach Altersgruppe – nachsehen, wie ausgeprägt Ihr Ehrgeiz ist.

14-16 Jahre Punkte	17-21 Jahre Punkte	22-30 Jahre Punkte	über 30 Jahre Punkte	Ausprägung des Ehrgeizes
40 - 50	35 - 50	42 - 50	40 - 50	sehr stark
36 - 39	31 - 34	32 - 41	35 - 39	stark
23 - 35	22 - 30	26 - 31	28 - 34	durchschnittlich Tendenz nach stark
19 - 22	14 - 21	20 - 25	23 - 27	durchschnittlich Tendenz nach schwächer
0 - 18	0 - 13	0 - 19	0 - 22	schwächer

stimmt 0 × 2
stimmt teilweise 7 × 1   } 7 P
stimmt nicht 17 × 0

Das bedeutet die Bewertung

Sehr stark

Sie besitzen einen sehr starken Ehrgeiz. Durch Leistungen versuchen Sie, Ihr Selbstwertgefühl zu erhöhen. Sie sollten in Zukunft Ihre hohe Leistungsbezogenheit etwas vermindern, da zu großer Ehrgeiz Ihre Leistung eher negativ als positiv beeinflussen kann.

Stark

Sie sind in Ihrer Einstellung sehr leistungsbezogen und wollen durch Leistungen Geltung erlangen. Beachten Sie bitte, daß ein zu starker Ehrgeiz sich eher störend als fördernd auf die Leistungsfähigkeit auswirkt.

Durchschnittlich (Tendenz nach stark)

Sie besitzen einen normal ausgeprägten Ehrgeiz, der im Durchschnittsbereich liegt. Innerhalb dieses Normalbereichs tendiert Ihr Ehrgeiz etwas zu einer stärkeren Ausprägung.

Durchschnittlich (Tendenz nach schwächer)

Sie besitzen einen normal ausgeprägten Ehrgeiz, der im Durchschnittsbereich liegt. Innerhalb dieses Normalbereichs tendiert Ihr Ehrgeiz eher zu einer schwächeren Ausprägung. Sie können Ihre Leistungsfähigkeit gelassen bis gleichgültig beurteilen und neigen nicht zu einem besonders starken Leistungswillen.

Schwächer

Für Sie spielt die eigene Leistungsfähigkeit eine geringe Rolle. Sie wollen sich nicht durch besondere Leistungen Geltung verschaffen. Ihre geringe Leistungsmotivation kann natürlich im Beruf zu Nachteilen führen. Ihr schwach ausgeprägter Ehrgeiz wird unter Umständen von Chefs negativ beurteilt.

Beratungsteil # Richtiger Ehrgeiz

Ehrgeiz ist das Streben nach Leistungen, die von anderen anerkannt und beachtet werden. Die Leistung soll, psychologisch gesehen, den eigenen Geltungswert erhöhen und das Selbstbewußtsein stärken. Übertriebener Ehrgeiz kann ein Symptom dafür sein, daß Minderwertigkeitsgefühle durch Leistungen vor sich selbst und anderen verdeckt werden sollen.

Hohe Leistungsmotivation ist nicht angeboren, sondern bildet sich durch die Einflüsse der Erziehung. Das Leistungs- und Erfolgsstreben der Gesellschaft bestärkt Eltern und Lehrer in der Ehrgeizförderung.

Wenig bekannt ist die Erkenntnis, daß zu starker Ehrgeiz schädlich ist für das Leistungsergebnis. Der amerikanische Wissenschaftler R. G. Stennett führte ein interessantes Experiment durch und wies nach, daß sich zu starkes Leistungsstreben störend auf die Leistung auswirkt.

Testpersonen sollten eine Aufgabe lösen und wurden in unterschiedlicher Weise motiviert. Der ersten Gruppe wurde gesagt, sie sollten die Aufgabe nur lösen, um die Aufgabe selbst zu testen. Mit dieser Anweisung wurde nur ein geringer Ehrgeiz geweckt.

Der zweiten Personengruppe wurde für die erfolgreiche Lösung 25 Cent (damals ca. 1,– DM) Belohnung versprochen; es wurde also ein mittlerer Ehrgeiz erzeugt.

Die dritte Gruppe schließlich wurde angewiesen, möglichst schnell zu arbeiten, um die bis dahin kürzeste Lösungszeit für die Aufgabe noch zu unterbieten. Außerdem wurden 5 Dollar (etwa 20,– DM) für eine erfolgreiche Lösung versprochen. Bei dieser Personengruppe wurde also ein besonders starker Ehrgeiz geweckt.

Die Auswertung des Experiments zeigte, daß die besten Leistungen bei mittlerem Ehrgeiz erreicht wurden. Bei starkem Ehrgeiz wirkt sich die damit verbundene übermäßige emotionale Erregung störend auf die Leistungsfähigkeit aus. Die Beziehungen zwischen Motivationsstärke und Leistung zeigt die Grafik.

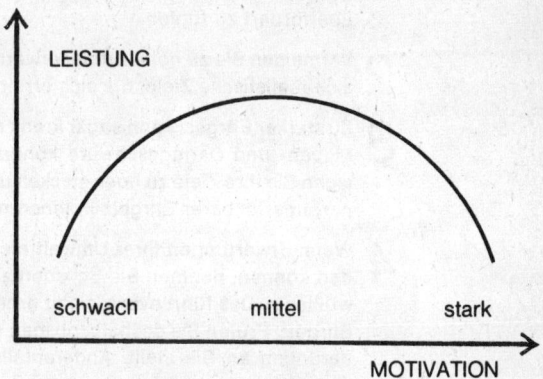

Zu starker Ehrgeiz wirkt sich nicht nur auf die Entfaltung der Leistungsfähigkeit negativ aus. Auch im Kontaktbereich ist er störend, denn Menschen mit sehr starkem Ehrgeiz neigen bei der Durchsetzung ihrer Ziele zu egoistischem Verhalten gegenüber ihren Mitmenschen. Sie sind einseitig auf ihre Ziele konzentriert und sind deshalb gegenüber anderen Personen wenig aufgeschlossen.

Zehn Tips
für einen »gesunden« Ehrgeiz

1 Sie erkennen den gesunden, Ihrer Person angepaßten Ehrgeiz daran, daß Sie viel leisten, ohne sich dabei überfordert zu fühlen.

2 Vermeiden Sie zu hohe Erfolgserwartungen, setzen Sie sich realistische Ziele, die sich erreichen lassen.

3 Zu starker Ehrgeiz kann sogar krank machen. Vor allem Magen- und Darmgeschwüre können die Folge sein, wenn Sie Ihre Ziele zu hoch stecken und ein übertriebener, unerfüllbarer Ehrgeiz in Ihnen nagt.

4 Wenn Erwartungen Ihrer Umwelt nicht voll erfüllt werden können, nehmen Sie Schaden an Ihrem Selbstbewußtsein. Das führt eventuell zu erneut übertriebenem Ehrgeiz. Prüfen Sie deshalb, ob man »realistische« Forderungen an Sie stellt. Anderenfalls sollten Sie sich wehren.

5 Von Zeit zu Zeit brauchen Sie einen Erfolg, der durch größere Anstrengung und nicht durch Routine bedingt ist. Der »Leistungsstreß« sollte jedoch nicht anhaltend sein.

6 Setzen Sie sich Ziele, bei denen Sie den Erfolg Ihrer Arbeit sehen können. Leistungen, die zu keinem sichtbaren Ergebnis führen, werden nur gering als Erfolg gewertet.

7 Verschleißen Sie Ihre Kräfte nicht durch übertriebenen hektischen Einsatz Ihrer Fähigkeiten. Sie können dann auch in den Ruf eines Strebers kommen.

8 Legen Sie ab und zu eine »schöpferische Pause« ein, in der Sie sich von Anstrengungen ausruhen. Nur auf diese Weise setzen Sie Ihre Kräfte optimal ein. Niemand kann ein hohes Leistungsniveau durchgehend beibehalten.

9 Wenn Sie einen sichtbaren, großen Erfolg haben, kann Ihnen der »Lorbeer-Effekt« gefährlich werden, d.h., Sie ruhen sich zu lange auf Ihren Lorbeeren aus.

10 Erfolge spornen normalerweise zu neuen Leistungen an. Erfolg stärkt Ihre Leistungsfähigkeit, wenn Sie eine mittlere Leistungsmotivation beibehalten.

Test 10

Besitzen Sie soziales Einfühlungsvermögen?

Der Test prüft, ob Sie sich in soziale Situationen einfühlen können und sich eine richtige Meinung bilden. Je häufiger Sie richtige Schlüsse ziehen, um so größer ist Ihre Fähigkeit, im Kontakt zu Mitmenschen richtige Entscheidungen zu treffen.

Die folgenden 18 Situationen sind Experimente, die von Sozialpsychologen durchgeführt wurden. Lesen Sie die Experimente bitte aufmerksam und überlegen Sie, welche Ergebnisse sie gebracht haben. Von den zwei bis fünf Möglichkeiten ist nur eine richtig. Kreuzen Sie das Ergebnis an, das Sie für richtig halten.

1. Zu einem Experiment des Sozialpsychologen Stanley Schachter über die Wirkung von Elektroschocks meldeten sich Personen freiwillig. Einer Gruppe von Personen wurde vor dem Versuch viel Angst eingejagt, einer anderen Gruppe weniger. Vor dem eigentlichen Experiment sollten die Versuchspersonen noch zehn Minuten warten. Wie verhielten sich die stark verängstigten Personen?

   a) Sie wollten in einem Nebenraum allein bis zum Beginn des Versuches warten.

   b) Sie wollten mit Personen, die ebenfalls viel Angst hatten, zusammen warten.

   c) Sie wollten mit Personen, die selbst nicht ängstlich waren, zusammen warten.

   d) Es zeigte sich keine ausgeprägte Tendenz, lieber alleine oder mit anderen zu warten.

2. Ein amerikanisches Forscherteam untersuchte autoritär und demokratisch geführte Arbeitsgruppen. Die Psy-

chologen wollten wissen, bei welchem der beiden Führungsstile Außenseiter der Gruppe ablehnender behandelt wurden.

a) Die ablehnende Reaktion war bei autoritärer Führung stärker.

b) Die ablehnende Reaktion war bei demokratischer Führung stärker.

3. Amerikanische Sozialforscher untersuchten das Verhalten amerikanischer Wähler während des Wahlkampfes. Sie wollten wissen, ob vorwiegend Propaganda der eigenen Partei oder anderer Parteien genau verfolgt wurde. Wie verhielten sich die Wähler?

a) Sie beachteten jede politische Propaganda gleichmäßig.

b) Sie setzten sich hauptsächlich mit Propaganda anderer Parteien auseinander.

c) Sie beachteten vor allem die Propaganda der eigenen Partei.

4. Wenn man beim ersten Kontakt mit einem anderen Menschen eine starke Abneigung entwickelt, werden dann weitere Kontakte

a) die Beziehung verbessern?

b) die Beziehung nicht wesentlich ändern?

c) die Beziehung verschlechtern?

5. Die Sozialpsychologen wollten herausfinden, mit welcher Methode man am besten Menschen beeinflußt. Sie versammelten Personen und erklärten in einem eindrucksvollen *Vortrag*, daß »Schnellesen« für die optimale Arbeitsweise wichtig ist. In einer zweiten Sitzung versammelten sie eine andere Gruppe zu einer *Diskussion* über die Auswirkungen des Schnellesens auf die Arbeitsweise. Die Sozialforscher verglichen dann, wel-

che Methode besser geeignet war, damit der Besuch von Schnellesekursen gesteigert wurde.

a) Die Personen, die den *Vortrag* gehört hatten, waren bereit, einen Schnellesekurs zu besuchen. Die Diskussionsgruppe war weniger bereit.

b) Die *Diskussion* brachte bessere Erfolge. Personen aus dieser Gruppe waren eher bereit, einen Schnellesekurs zu besuchen.

c) Es wurde kein Unterschied entdeckt. Die *Vortragsmethode* und die *Diskussionsmethode* führten beide zur gleichen Bereitschaft, einen Schnellesekurs zu besuchen.

6. Ein amerikanisches Forscherteam ließ im Wortlaut gleiche Informationen über ein Tonband ablaufen. Der Sprecher wurde einmal als Professor, als neutrale Person und dann als Straffälliger vorgestellt. Wer konnte die Zuhörer am besten beeinflussen und eine Einstellungsänderung erreichen?

a) Professor

b) Neutraler

c) Straffälliger

7. Ein amerikanischer Sozialforscher beobachtete eine Personengruppe. Das rangniederste Mitglied zeigte beim Lieblingssport (Kegeln) ständig bessere Leistungen und übertraf schließlich auch die ranghöheren Mitglieder. Wie reagiert die Gruppe auf dieses Ereignis?

a) Das rangniedere Mitglied wurde freudig anerkannt und konnte seine Stellung in der Gruppe verstärken.

b) Die Erfolge des gering angesehenen Mitglieds wurden mit Kritik quittiert. Der »Aufrührer« wurde durch Spott und Ironie irritiert, bis er wieder schlechter kegelte und so die alte Ordnung wiederhergestellt war.

8. Amerikanische Sozialforscher wollten wissen, wie stark Stimmungen den Optimismus beeinflussen. Es sollte ein Bild beschrieben werden, auf dem junge Leute in sumpfigem Gebiet graben. Zwei verschiedene Stimmungen wurden durch Hypnose erzeugt:

Glück

Ängstlichkeit

Wie wurde das Bild unter den verschiedenen Stimmungen beschrieben?

a) *Glückliche Stimmung:* »Das sieht ganz lustig aus; man denkt an den Sommer; dazu ist das Leben da; Arbeiten im Freien; wahres Leben – graben, pflanzen und beobachten, wie alles wächst.«

Ängstliche Stimmung: »Sie werden sich verletzen oder schneiden; es sollte ein älterer Mensch dabeisein, der bei einem Unfall weiß, was zu tun ist; wie tief wohl das Wasser ist?«

b) Stimmungen beeinflussen die Bilder nicht. Die Bilder wurden objektiv beschrieben.

9. Die Sozialforscher Schönbach und Mills wollten wissen, ob man sich für vertraute Dinge eher interessiert als für Unbekanntes. Sie ließen deshalb Käufer von neuen Autos Zeitschriften durchblättern. Als Vergleichsgruppe blätterten auch Autofahrer, die schon jahrelang am Steuer des gleichen Wagens saßen, die Zeitschriften durch. Wer studierte mehr Anzeigen der eigenen Automarke?

a) »Neubesitzer« lasen zu 28% häufiger Anzeigen der eigenen Marke als Anzeigen von Konkurrenzmodellen. »Altbesitzer« lasen zu 4% mehr Anzeigen des eigenen Modells.

b) »Altbesitzer« lasen zu 28% häufiger Anzeigen der eigenen Marke als Anzeigen von Konkurrenzmodellen. »Neubesitzer« lasen zu 4% mehr Anzeigen des Konkurrenzmodells als Anzeigen des eigenen Modells?

c) »Neubesitzer« und »Altbesitzer« lasen zu 11% mehr Anzeigen des Konkurrenzmodells als Anzeigen des eigenen Modells.

10. Ein englisches Psychologenteam gab einer Gruppe von Teenagern die Information, daß sie in zehn Minuten einen Vortrag zu hören bekommen über das Thema: »Warum Teenagern das Autofahren nicht erlaubt werden darf.« Eine zweite Gruppe bekam keine Information vor dem Vortrag. Welche Teenager-Gruppe wurde durch den Vortrag stärker beeinflußt?

a) Teenager, die vorher die Information erhielten.

b) Teenager, die vorher keine Information erhielten.

c) Beide Gruppen wurden gleich stark beeinflußt.

11. Einer Gruppe von Personen wurden von einem englischen Sozialpsychologen Bilder mit Gesichtern gezeigt. Einige Bilder wurden bis zu zwanzigmal gezeigt, andere nur zweimal. Welche Gesichter wurden von den Betrachtern positiver eingeschätzt?

a) Die weniger oft gezeigten Gesichter.

b) Die häufig gezeigten Gesichter.

c) Es bestand kein Unterschied.

12. Ein englisches Psychologenteam führte mit Kindern folgendes Experiment durch: In einem Zimmer lagen mehrere reizvolle Spielzeuge. Eine Gruppe von Kindern durfte sofort in das Zimmer und spielen. Die andere Gruppe mußte einige Zeit warten, bis sie das Zimmer betreten durfte, konnte aber durch ein Fenster in das Zimmer sehen. Bei welcher Gruppe bestand eine größere Tendenz, die Spielzeuge zu zerstören?

a) Es bestand kein Unterschied zwischen den beiden Gruppen.

b) Die Gruppe, die sofort ins Zimmer durfte, war zerstörerischer.

c) Die Kinder, die warten mußten, zeigten mehr Zerstörungswut.

13. Der amerikanische Psychologe Feshbach zeigte einer Gruppe von verärgerten und nicht verärgerten Versuchspersonen einen Film über einen Boxkampf und einen neutralen Film, der keinerlei aggressive Szenen enthielt. Welche Personengruppe zeigte sich nach dem Film am aggressivsten?

a) Die verärgerten Personen, die den Boxkampf sahen.

b) Die verärgerten Personen, die den neutralen Film sahen.

c) Die ausgeglichenen Personen, die den Boxkampf sahen.

d) Die ausgeglichenen Personen, die den neutralen Film sahen.

14. Personen sollten herausfinden, ob eine Flüssigkeit bitter schmeckt. Die Sozialforscher verdünnten deshalb Wasser mit einem Bitterstoff. Von 70% der Bevölkerung wird diese Lösung als bitter, von 30% als geschmacklos empfunden. Eine Gruppe von zehn Personen setzte sich aus neun »Nichtschmeckern« zusammen und einer Person, die den bitteren Geschmack sehr stark und eindeutig empfinden konnte. Wenn diese Person ihre Empfindung äußert, wie verhalten sich dann die übrigen neun Gruppenmitglieder?

a) Die unerschütterlich feste Überzeugung beeinflußt die »Nichtschmecker«. Beim zweiten Schluck stellen sie plötzlich auch einen leicht bitteren Geschmack fest.

b) Die neun Personen lassen sich von dem »Schmecker« nicht beeinflussen.

c) Der »Schmecker« läßt sich von den neun Personen so beeinflussen, daß er den bitteren Geschmack beim zweiten Schluck nicht mehr wahrnimmt.

15. Eine Gruppe von Personen wurde in Angst versetzt, eine zweite Gruppe wurde nicht verängstigt. Die Personen beider Gruppen sollten nun unbekannte Leute auf Furchtsamkeit einschätzen. Welche Gruppe hielt die unbekannten Personen für furchtsamer?

   a) Es bestand kein Unterschied zwischen den Gruppen.

   b) Die ängstlichen Personen hielten die Außenstehenden für furchtsamer.

   c) Die nicht verängstigten Personen hielten die Außenstehenden für furchtsamer.

16. Der englische Sozialpsychologe Schönbach gab Besuchern eines James-Bond-Filmes und des Musik-Films »Mary Poppins« vor und nach dem Film einen Fragebogen, der den Grad aggressiver Tendenzen messen sollte. Bei welcher Gruppe wurde die höchste Aggressivität festgestellt?

   a) Bei den Besuchern des James-Bond-Filmes vor Sehen des Films.

   b) Bei den Besuchern des James-Bond-Filmes nach Sehen des Films.

   c) Bei den Besuchern von »Mary Poppins« vor Sehen des Films.

   d) Bei den Besuchern von »Mary Poppins« nach Sehen des Films.

   e) Es wurde kein Unterschied in der Aggressivität festgestellt.

17. Der amerikanische Sozialforscher Marple ließ von Personen Aussagen auf ihre Richtigkeit beurteilen. Der Versuch wurde mit drei Gruppen durchgeführt: Gymnasiasten, Studenten, erwachsenen Berufstätigen (es wurde darauf geachtet, daß alle den gleichen Bildungsgrad besaßen). Nach vier Wochen wurden die Aussagen denselben Personen erneut zur Beurteilung vorgelegt.

Folgende Zusatzbemerkung wurde gegeben: »Die Mehrzahl der anderen Gruppe hat anders geurteilt als Sie.« Welchen Einfluß hatte diese Zusatzbemerkung?

a) Die Gymnasiasten änderten ihr Urteil jetzt zu 64%, die Studenten zu 55% und die Erwachsenen zu 40%?

b) Die Erwachsenen änderten ihr Urteil jetzt zu 64%, die Studenten zu 55% und die Gymnasiasten zu 40%.

c) Es gab keinen Unterschied zwischen den Gruppen.

18. Der Sozialforscher Hare wollte wissen, wer sich in Diskussionen an die Gruppenmeinung besser anpaßt, der »Schweiger« oder der »Mitsprecher«. Wer wird von der Gruppe leichter beeinflußt?

a) Der »Schweiger« wird von der Gruppenmeinung mehr beeinflußt als der »Mitsprecher«.

b) Der »Mitsprecher« wird von der Gruppenmeinung mehr beeinflußt als der »Schweiger«.

c) Beide sind gleich stark beeinflußt. Es kann kein Unterschied festgestellt werden.

Testauswertung

In der Tabelle sind die richtigen Lösungen eingetragen. Kreuzen Sie bitte jede richtige Aufgabe an. Jedes Kreuz zählt einen Punkt.

Aufgabe	richtig	Aufgabe	richtig
1	b ✗	10	b ✗
2	a ✗	11	b
3	c	12	c
4	b	13	b
5	b	14	a ✗
6	a ✗	15	b
7	b ✗	16	b ✗
8	a ✗	17	a ✗
9	a	18	b

Zählen Sie jetzt die Anzahl Ihrer Kreuze zusammen. Die Summe ergibt Ihre Punktzahl.

In der Bewertungstabelle können Sie unter Ihrer Punktzahl – je nach Altersgruppe – nachsehen, wie ausgeprägt Ihr soziales Einfühlungsvermögen ist.

14-16 Jahre Punkte	17-21 Jahre Punkte	22-30 Jahre Punkte	über 30 Jahre Punkte	Ausprägung des Einfühlungsvermögens
11 - 18	14 - 18	17 - 18	15 - 18	sehr stark
10	12 - 13	15 - 16	13 - 14	stark
8 - 9	10 - 11	11 - 14	9 - 12	durchschnittlich Tendenz nach stark
6 - 7	6 - 9	9 - 10	7 - 8	durchschnittlich Tendenz nach schwächer
0 - 5	0 - 5	0 - 8	0 - 6	schwächer

Das bedeutet die Bewertung

Sehr stark

Sie besitzen ein ausgezeichnetes Einfühlungsvermögen in soziale Situationen. Sie können sich sehr gut in andere Menschen hineinversetzen und erahnen, wie sie in bestimmten Situationen reagieren.

Stark

Durch Ihr gutes Einfühlungsvermögen beurteilen Sie soziale Situationen meist richtig und spüren, wie sich andere Menschen voraussichtlich verhalten werden.

Durchschnittlich (Tendenz nach stark)

Sie besitzen ein normal ausgeprägtes Einfühlungsvermögen, das im Durchschnittsbereich liegt. Innerhalb dieses Durchschnittsbereichs tendiert Ihr Einfühlungsvermögen zu einer stärkeren Ausprägung.

Durchschnittlich (Tendenz nach schwächer)

Sie besitzen ein normal ausgeprägtes Einfühlungsvermögen, das im Durchschnittsbereich liegt. Innerhalb dieses Durchschnittsbereichs tendiert Ihr Einfühlungsvermögen eher zu einer schwächeren Ausprägung. Es fällt Ihnen manchmal nicht leicht, sich in soziale Situationen so hineinzudenken, daß Sie das Verhalten Ihrer Mitmenschen richtig erahnen.

Schwächer

Es gelingt Ihnen relativ selten, soziale Situationen richtig zu beurteilen. Ihre Fähigkeit, sich in andere Menschen hineinzuversetzen und ihr voraussichtliches Verhalten zu erahnen, ist bei Ihnen schwächer ausgeprägt. Sie sollten Ihr Einfühlungsvermögen unbedingt verbessern. Das wird Ihnen im Kontakt mit Ihren Mitmenschen nützlich sein.

Beratungsteil # Verbessern Sie Ihr Einfühlungsvermögen

Bemerkungen wie »das tut mir aber leid«, »das kann ich verstehen« oder »mir geht es auch so« zeigen, daß man bemüht ist, sich in das Verhalten der Mitmenschen einzufühlen. Jeder besitzt ein mehr oder weniger stark ausgeprägtes Einfühlungsvermögen. Es ist nicht angeboren, sondern wird durch die Erziehung und Erfahrungen im Laufe des Lebens ausgeprägt.

Die Psychologie versteht unter »sozialem Einfühlungsvermögen« die Fähigkeit, fremdes Erleben nacherleben zu können, d. h., sich in die Gefühle, Stimmungen und Gedanken eines anderen Menschen hineinzuversetzen. Wie funktioniert das? Soziales Einfühlen stellt sich durch Analogieschlüsse ein. Das Wissen des eigenen Erlebens wird auf das Erleben des Partners bezogen. Das ermöglicht ein Verständnis der seelischen Situation und des Verhaltens. Bei der Einfühlung geht man also stets von den eigenen Erfahrungen aus.

Als Beispiel die erste Testaufgabe. Gefragt wurde nach dem Verhalten von verängstigten Personen. Vier Möglichkeiten standen zur Auswahl:

a) Sie wollten in einem Nebenraum alleine bis zum Beginn des Versuchs warten.

b) Sie wollten mit Personen, die ebenfalls viel Angst hatten, zusammen warten.

c) Sie wollten mit Personen, die selbst nicht ängstlich waren, zusammen warten.

d) Es zeigte sich keine ausgeprägte Tendenz, lieber alleine oder mit anderen zu warten.

Um das Verhalten dieser Personen erahnen zu können, müssen Sie sich in ihre seelische Verfassung hineinversetzen. Was bewegt diese verängstigten Personen? Sie stellen sich vor, daß Sie selbst in einer solchen Situation wären: Sie fühlen sich unsicher, da Sie nicht wissen, was auf Sie zukommt, und Sie wollen die Unsicherheit abschwächen, indem Sie sich mit anderen Personen unterhalten, die in der gleichen Situation sind. Sie versuchen, aufgrund Ihrer Unsicherheit möglichst wenig aufzufallen. Dies läßt sich am besten in einer Gruppe erreichen, die einen »gemeinsamen Nenner« hat, nämlich die gleiche Angst vor dem, was auf sie zukommt. Diese Überlegungen übertragen Sie auf die vier Verhaltensmöglichkeiten und kommen zu dem richtigen Schluß, daß verängstigte Personen am liebsten mit ebenfalls verängstigten Personen zusammen warten wollen.

Wichtige Hinweise für die Einfühlung in die seelische Situation anderer sind Ausdrucksmerkmale: Gesichtsausdruck, Bewegung, Sprechweise, Erröten, Zittern usw.; das sind Signale, die in Ihnen Erlebnisse und Erfahrungen auslösen. Wenn Sie z.B. einen Menschen beobachten, der zittert und sich hastig bewegt, werden Sie aufgrund Ihrer eigenen Erfahrungen zu dem Schluß kommen, dieser Mensch ist aufgeregt und nervös.

Soziales Einfühlungsvermögen hat mit Intelligenz wenig zu tun. Hochintelligente Menschen besitzen manchmal sogar weniger Einfühlungsvermögen, weil sie alles rational und logisch erklären wollen und dabei die eigenen Gefühle und die ihrer Partner vernachlässigen oder unbeachtet lassen.

Besonders wichtig ist soziales Einfühlungsvermögen bei Unterhaltungen. Wenn der Gesprächspartner eine andere Meinung hat als Sie selbst, ist es sinnvoll, wenn Sie sich überlegen, **warum** er eine entgegengesetzte Meinung hat und welche Erfahrungen und Erlebnisse ihn zu dieser Meinung geführt haben.

Personen, die egoistisch nur auf sich selbst bezogen handeln, besitzen ein geringes soziales Einfühlungsvermögen. Sie verhalten sich wie »Elefanten im Porzellanladen«, denn sie machen sich nicht die Mühe, das Erleben des Partners nachzuempfinden. Sie versuchen, andersartige Gedanken und Gefühle nicht zu verstehen, sondern durch Aggressionen (z. B. »ach, das ist doch Blödsinn!«) herunterzuspielen.

Ein Beispiel für Einfühlungsvermögen im Ehealltag: Eine Frau möchte von ihrem Mann einen Pelzmantel. Er glaubt, daß seine Frau den Mantel will, weil die Nachbarin ein neues Kleid gekauft hat. Vielleicht verfolgt seine Frau aber ein ganz anderes Ziel. Sie fühlt sich z. B. in ihren Zärtlichkeitswünschen von ihrem Ehemann vernachlässigt und ist sich nicht mehr seiner Zuneigung sicher. Da sie das nicht offen aussprechen will, versucht sie, über den Umweg Pelzmantel einen Liebesbeweis zu erhalten. Erreicht sie dieses Ziel nicht, sagt sie »du liebst mich nicht mehr«. Kann der Ehemann sich in die Bedeutung dieser Bemerkung nicht einfühlen, kommt es zu Spannungen und Mißtrauen.

Soziales Einfühlungsvermögen spielt also im Kontakt eine wichtige Rolle. Mißverständnisse, Auseinandersetzungen oder Streit ließen sich vermeiden, wenn jeder versuchen würde, sich in das Erleben des Partners hineinzudenken. Egoismus, Vorurteile und Bequemlichkeit erschweren und verhindern dieses Einfühlungsvermögen. Die folgenden zehn Tips sollen Ihnen helfen, Ihr Einfühlungsvermögen zu aktivieren.

Zehn Tips zur Verbesserung Ihres Einfühlungsvermögens

1 Machen Sie sich bewußt, welche Gefühle, Bedürfnisse und Wünsche Sie haben und gestehen Sie diese Ihren Mitmenschen ebenfalls zu.

2 Lernen Sie zuzuhören, auch wenn etwas gesagt wird, womit Sie nicht übereinstimmen; lassen Sie Ihre Mitmenschen ausreden und stellen Sie Fragen, bevor Sie ein Urteil fällen.

3 Beobachten Sie fremde Personen auf der Straße, in Lokalen, in der Straßenbahn und versuchen Sie, ihre seelische Verfassung aufgrund ihrer Ausdruckssignale zu erahnen.

4 Lassen Sie sich jedoch bei der Beurteilung anderer Menschen nicht nur von Äußerlichkeiten leiten. Viel wichtiger ist, die Einstellung eines Menschen zu erfahren – das gelingt nur über das Gespräch und interessierte Fragen.

5 Schalten Sie einmal bei einem Spielfilm den Ton Ihres Fernsehgeräts aus und versuchen Sie zu erraten, über welches Thema gesprochen wird; dabei müssen Sie sich in die Handlung einfühlen.

6 Bei einer Unterhaltung stellen Sie fest, daß jemand eine total andere Ansicht als Sie hat. Überlegen Sie, warum gerade dieser Mensch diese Ansicht vertritt.

7 Fragen Sie sich einmal selbst, warum Sie in bestimmten Situationen so und nicht anders reagieren. Die Kenntnis über die Hintergründe Ihres eigenen Verhaltens erleichtert Ihnen das Einfühlen in andere Personen.

8 Wenn jemand unsympathisch auf Sie wirkt, erforschen Sie bei sich selbst den Grund dafür.

9 Versuchen Sie, möglichst viele Informationen über einen Menschen zu erfahren, bevor Sie ihn beurteilen und Ihr Verhalten darauf einstellen. Wenn Sie wissen, warum ein Mensch so ist, wie er sich Ihnen präsentiert, können Sie ihn richtiger beurteilen. Auch Ihre eigene Reaktion auf sein Verhalten ist dann angemessener.

10 Bedenken Sie bitte, daß jeder Mensch Stimmungen unterworfen ist, die sein Verhalten beeinflussen.

Zeichnen Sie Ihr Persönlichkeitsprofil

Übertragen Sie alle zehn Testergebnisse in die Diagnosekarte (unten). Links stehen die fünf Ausprägungsgrade. Wie Sie Ihre Testergebnisse in die Diagnosekarte eintragen, soll an einem Beispiel erklärt werden.

Wenn Sie im ersten Test eine »starke« Ausprägung erzielt haben, machen Sie in der Spalte Selbstsicherheit bei »stark« ein Kreuz. Wenn Sie beim zweiten Test

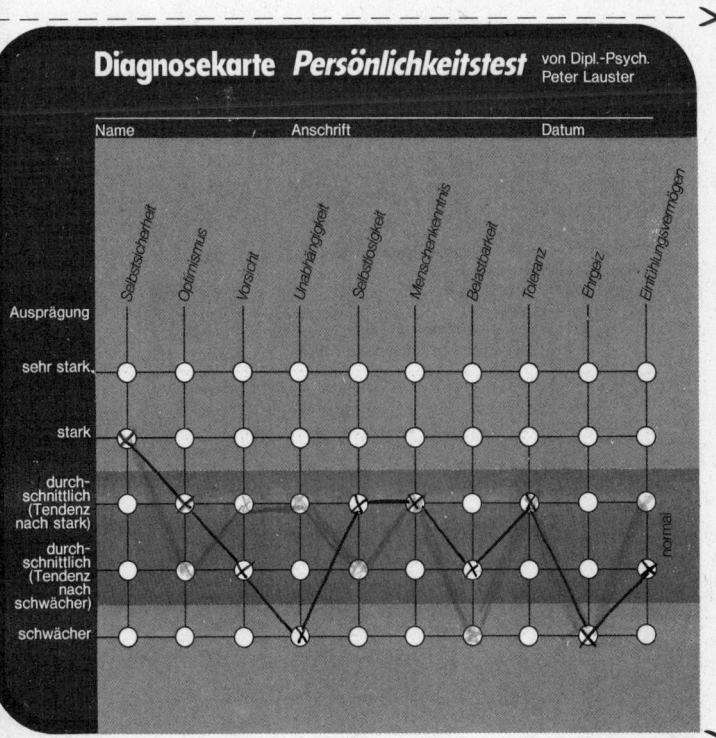

Diagnosekarte *Persönlichkeitstest* von Dipl.-Psych. Peter Lauster

»durchschnittlich Tendenz nach stark« abgeschnitten haben, machen Sie in der Spalte Optimismus in der dritten Zeile ein Kreuz. Nach diesem Prinzip kreuzen Sie alle Testergebnisse an. Sobald Sie alle 10 Testergebnisse in die Diagnosekarte übertragen haben, verbinden Sie die Kreuze miteinander, dann erhalten Sie Ihr Persönlichkeitsprofil, das Ihnen ermöglicht, Ihre Persönlichkeitsstruktur leichter auf einen Blick zu erfassen.

Zeichnen Sie auf S. 145 Ihr Persönlichkeitsprofil ein. Sie können diese Karte auch ausschneiden und separat aufbewahren, damit Ihr Profil vertraulich bleibt.

Beispielprofil: # So kann ein Profil aussehen.

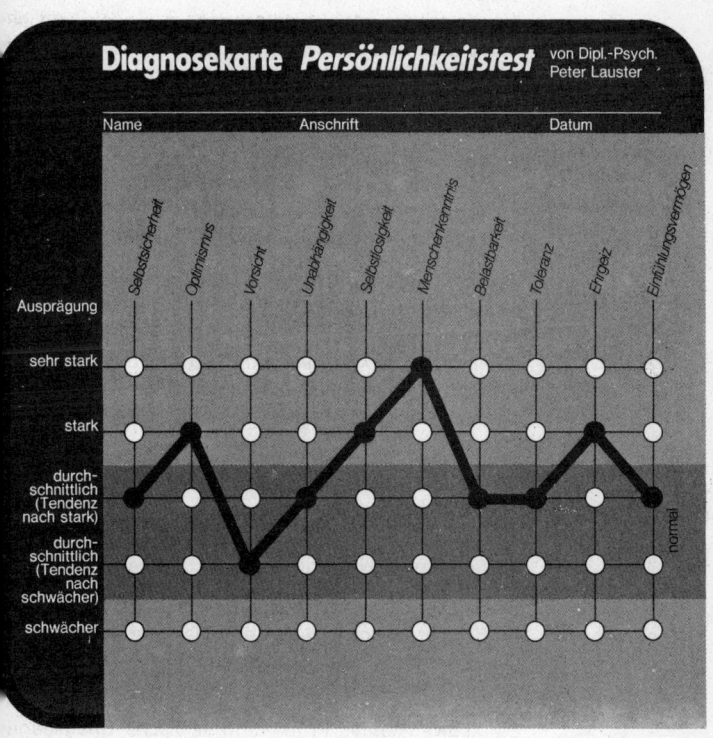

Hinweise zur Interpretation Ihres Persönlichkeitsprofils

Wenn Ihre Kurve sich vorwiegend im grauen Feld bewegt, sind Ihre Persönlichkeitseigenschaften normal ausgeprägt. Sie liegen im Durchschnittsbereich, in dem sich statistisch gesehen etwa 68% der Bevölkerung befinden. Zur besseren Orientierung in diesem großen Durchschnittsbereich wurde in »Tendenz nach stark« und schwächer« unterschieden. Das bedeutet, daß Sie entweder mehr zu einer stärkeren oder schwächeren Ausprägung der entsprechenden Eigenschaft neigen.

Ihre Profiltiefs (Ausprägung: Tendenz nach schwächer und schwächer) sollten Sie besonders intensiv mit dem jeweiligen Beratungsteil fördern. Ihre Profilspitzen zeigen Ihnen, daß Sie hier vom Durchschnitt besonders stark abweichen. Beim Ehrgeiz und der Vorsicht muß dies nicht unbedingt positiv sein (siehe Beratungsteil).

Besonders günstig können Sie Ihr Profil werten, wenn Sie in den ersten beiden Bereichen (Selbstsicherheit und Optimismus) Profilspitzen haben. Für eine erfolgreiche Lebensbewältigung ist das sehr günstig; Sie werden dann Schwierigkeiten leichter bewältigen.

Günstig ist auch ein ausgeglichenes Profil, d.h. daß Ihr Profil nicht zwischen Hochs und Tiefs unruhig hin- und herschwankt. Ein ausgeglichenes Profil bedeutet, daß Sie ohne starke Spannungen leben können.

Ein schwankendes Profil kann seelische Unausgeglichenheit bedingen. Besonders wenn Widersprüche auftreten, z.B. starke Unabhängigkeit und schwach ausgeprägte Belastbarkeit. Zu seelischen Konflikten neigen auch Personen mit geringer Selbstsicherheit und starkem Ehrgeiz.

Für die Interpretation des Profils lassen sich schwer allgemeingültige Regeln aufstellen. Jedes Profil muß aufgrund der Kombination aller zehn Testergebnisse als Einzelfall interpretiert werden.

Kleines Lexikon der Fachausdrücke

Abnorme Persönlichkeit
Eine psychisch oder psychopathologisch auffällige Persönlichkeit, die an ihrer Abweichung von der Norm leidet oder unter deren Abnormität die Gesellschaft leidet.

Anlage
Eigenschaften und Fähigkeiten, die der Mensch bereits bei der Geburt besitzt. Anlagen können durch Umwelteinflüsse und Lernvorgänge entfaltet werden. Es besteht nach wie vor ein wissenschaftlicher Streit zwischen Vererbungs- und Milieutheoretikern über das Ausmaß und die Art der menschlichen Anlagen.

Charakter
Im Laufe des Lebens entstandene Struktur von Eigenschaften, welche die individuelle Besonderheit eines Menschen kennzeichnet.

Charakterkunde
Teilgebiet der Psychologie, das sich mit der Beschreibung der Charaktereigenschaften und mit der Erforschung der Charakterentstehung befaßt.

Einstellung
Eine relativ konstante Haltung gegenüber Personen, Ideen, Lebensmaximen. Einstellungen entstehen durch Umwelteinflüsse (z. B. Erziehung) und bedingen Erwartungen.

Eigenschaften
Bezeichnung für Merkmale, die eine Person besitzt. Die Ausprägung einer Eigenschaft kann mit Hilfe von psychologischen Tests ermittelt werden.

Körperbautypen
Die verschiedenen Arten des Körperbaus stehen in Zusammenhang mit Temperaments- und Charaktereigenschaften. Die vier Körperbautypen der bekanntesten Typologie von Ernst Kretschmer sind: Der Leptosom, der Pykniker, der Athletiker und der Dysplastiker.

Persönlichkeit
Nach der Meinung des amerikanischen Psychologen G. W. Allport ist »Persönlichkeit die dynamische Ordnung derjenigen psychophysischen Systeme im Individuum, die seine einzigartige Anpassung an die Umwelt bestimmen«. Unter dynamischer Ordnung versteht er ein

übergeordnetes System, das sich entwickelt und selbst reguliert. Die psychophysischen Systeme stehen für Eigenschaften, Gewohnheiten und Einstellungen. Anpassung wird als schöpferische und individuelle Auseinandersetzung des Individuums mit seiner Umwelt verstanden.

Persönlichkeitspsychologie
Weder die Fachterminologie noch die Alltagssprache unterscheiden zwischen den Begriffen Persönlichkeitspsychologie und Charakterkunde. In der deutschen Psychologieliteratur herrscht die Bezeichnung Charakterkunde vor, während sich die Bezeichnung Persönlichkeitspsychologie erst nach dem Krieg durch den Einfluß der USA einbürgerte.

Psychopathologie
Die Wissenschaft von den krankhaften Veränderungen des Seelenlebens. Die Psychopathologie ist die wissenschaftliche Grundlage der Psychiatrie.

Psychose
Bezeichnung für eine seelische Krankheit, die zur Beeinträchtigung bis zur Aufhebung des normalen Seelenlebens führt.

Psychotherapie
Die Behandlung seelischer und seelisch bedingter körperlicher Leiden mit verschiedenen Methoden. Es können drei Hauptmethoden unterschieden werden.

a) *Suggestives Verfahren*
Der zum Leiden führende Konflikt wird zugedeckt oder umgangen.

b) *Trainingsverfahren*
Durch körperliche Übungen wird eine seelische Gesundung und Willensfestigung angestrebt (z. B. autogenes Training, Arbeits- und Spieltherapie).

c) *Tiefenpsychologisches Verfahren*
Die Aufdeckung des zum Leiden führenden Konflikts wird versucht (z. B. die psychoanalytische Methode von Sigmund Freud).

Vererbung
Bezeichnung für die Gesamtheit aller vererbten körperlichen, geistigen und intellektuellen Eigenschaften.

Die bekanntesten zehn Persönlichkeitstests

Die aufgeführten Tests werden von Psychologen, Medizinern und Psychiatern in der Praxis angewendet. (Diese Tests dürfen nur an Fachleute verkauft werden.)

1. **MMPI** (Minnesota Multiphasic Personality Inventory) von S. R. Hathaway und I. C. McKinley.
   Dieser Test ist ein Persönlichkeitsfragebogen für die klinische Diagnostik und erfaßt psychiatrische Kriterien.

2. **MMQ** (Mandsley Medical Questionnaire) von H. J. Eysenck.
   Dieser Persönlichkeitsfragebogen untersucht neurotische Tendenzen.

3. **MPI** (Mandsley Personality Inventory) von H. J. Eysenck.
   Dieser Test erfaßt neurotische Tendenzen und die Neigung zur Extraversion und Introversion.

4. **Rorschach-Test** von H. Rorschach.
   Der Rorschach-Test ist der bekannteste Persönlichkeitstest. Er ist kein Fragebogentest, sondern ein Bilderdeuteverfahren. Klecksografien müssen von der Testperson gedeutet werden. Der Psychologe zieht daraus Schlüsse auf die Persönlichkeitsstruktur.

5. **TAT** (Thematischer Apperzeptions-Test) von H. A. Murray.
   Der Testperson werden Bilder vorgelegt, die interessante menschliche Situationen zeigen und zum Erzählen einer Geschichte anregen. Der Inhalt der erzählten Geschichte wird psychologisch ausgewertet.

6. **Rosenzweig Picture Frustration Test** von S. Rosenzweíg.
   Mit diesem Test wird die Reaktion auf emotionalen Streß erfaßt.

7. **Lüscher-Test** von M. Lüscher.
   Dieser Test ist ein reiner Farbwahltest. Aus der Bevorzugung und Ablehnung von bestimmten Farbtönen werden Rückschlüsse auf die Persönlichkeit gezogen.

8. **Wartegg-Zeichen-Test** von E. Wartegg.
   Auf 8 Zeichenfeldern müssen angefangene Zeichnungen vervollständigt werden. Die Zeichnungen werden von Psychologen gedeutet.

9. **Baum-Test** von K. Koch.
   Die Anweisung lautet bei diesem Test einfach »Zeichnen Sie einen Obstbaum«. Aus der Art der Zeichnung und der Anordnung auf dem Blatt werden vom Psychologen Rückschlüsse auf die Persönlichkeit gezogen.

10. **Experimentelle Triebdiagnostik** (Szondi-Test) von L. Szondi.
    Das Testmaterial besteht aus Fotografien der Gesichter psychisch kranker Personen. Die Testperson soll Gesichter auswählen, die sympathisch bzw. unsympathisch auf sie wirken. Der Test wird in der psychiatrischen Diagnostik angewendet.

11. **Das Freiburger Persönlichkeitsinventar (FPI)** von J. Fahrenberg und H. Selg.
    Dieser Persönlichkeitsfragebogen gibt ein Bild der Persönlichkeitsstruktur.

12. **Der 16-PF-Test** vom IPAT-Institut (USA).
    Dieser Persönlichkeitsfragebogen wird auch von deutschen Firmen bei der Bewerberbeurteilung eingesetzt.

Literatur

Adler, A.: Menschenkenntnis, Frankfurt, 1966
Adler, A.: Über den nervösen Charakter, München, 1928
Allport, G. W.: Persönlichkeit, Meisenheim 1959
Arnold, W.: Person, Charakter, Persönlichkeit, Göttingen, 1969
Binswanger, L.: Grundformen und Erkenntnis menschlichen Daseins, Zürich, 1953
Bracken, H. v. und David, H. P.: Perspektiven der Persönlichkeitstheorie, Bern und Stuttgart, 1959
Fahrenberg, J.: Psychophysiologische Persönlichkeitsforschung, Göttingen, 1967
Floru, R.: Typen und Temperamente, Bukarest, 1966
Frankl, V. E., v. Gebsattel V. E. und Schultz J. H. (Hgb.): Handbuch der Neurosenlehre und Psychotherapie, Bd. III, München und Berlin, 1959
Freud, A.: Das Ich und die Abwehrmechanismen, Wien, 1936
Freud, S.: Gesammelte Werke, London, 1942/1952
Gehlen, A.: Der Mensch. Seine Natur und seine Stellung in der Welt, 1. A. Berlin, 1940
Heiß, R.: Die Lehre vom Charakter, Berlin, 1949
Heiß, R.: Erscheinungsbild, Eigenschaft und Charakter. Mensch und Umwelt 1, 1948
Jung, C. G.: Die Beziehungen zwischen dem Ich und dem Unbewußten. 5. A. Zürich, 1950
Jung, C. G.: Psychologische Typen, Zürich, 1960
Klages, L.: Der Geist als Widersacher der Seele, Leipzig, 1929–1933
Klages, L.: Die Grundlagen der Charakterkunde, Bonn, 1948
Klages, L.: Persönlichkeit, Potsdam/Zürich o. J. (1928)
Kretschmer, E.: Körperbau und Charakter, Berlin, 1961
Krueger, F.: Das Wesen der Gefühle, Leipzig, 1928; (5. A. 1937)

Lauster, P.: Begabungstests, Stuttgart, 1971

Lauster, P.: Menschenkenntnis ohne Vorurteile, Stuttgart, 1973

Lauster, P.: Teste deine Intelligenz, Stuttgart, 1972

Lersch, Ph.: Aufbau der Person, München, 1966

Lossen, H.: Persönlichkeit und Charakter, Kevelaer 1954

Mathey, F. J.: Verhalten, Leistung und Persönlichkeit, Bonn, 1956

Pfahler, G.: Der Mensch und seine Vergangenheit, Stuttgart, 1951

Pfahler, G.: Vererbung als Schicksal, Leipzig, 1932

Revers, W. J.: Persönlichkeit und Vermassung, Würzburg, 1947

Rohracher, H.: Einführung in die Psychologie, 6. A. Wien/Innsbruck, 1958

Rohracher, H.: Kleine Charakterkunde, München und Wien, 1963

Rothacker, E.: Die Schichten der Persönlichkeit, Bonn 1952

Rüfner, V.: Die Entfaltung des Seelischen, Bamberg 1947

Schneider, K.: Psychopathische Persönlichkeiten in Klinische Psychopathologie, Stuttgart, 1950

Schultz-Hencke, H.: Der gehemmte Mensch, Leipzig 1940

Stern, W.: Allgemeine Psychologie auf personalistische Grundlage, 2. A. Haag, 1950

Straus, E.: Vom Sinn der Sinne. 2. A. Berlin-Göttingen Heidelberg, 1956

Strehle, H.: Mienen, Gesten und Gebärden, München 1954

Thomae, H.: Das Individuum und seine Welt, Göttingen 1968

Thomae, H.: Der Mensch in der Entscheidung, München, 1960

Thomae, H.: Persönlichkeit, Bonn, 1955

Wellek, A.: Die Polarität im Aufbau des Charakters Bern, 1950

Werner, H.: Einführung in die Entwicklungspsychologie, 3. A. München, 1953

Wertheimer, M.: Produktives Denken, Frankfurt am Main, 1957

Resonanzfragebogen

Lesen Sie die folgenden 9 Fragen bitte aufmerksam durch und kreuzen Sie Ihre Antwort an. Senden Sie den ausgefüllten Fragebogen bitte an den Autor ein. Die Auswertung Ihrer beantworteten Fragen hilft dem Autor bei seiner Arbeit.

1. Hat Ihnen die Lektüre des Buches geholfen, sich selbst besser kennenzulernen?

   ☐ ja
   ☐ nein
   ☐ weiß nicht

2. Glauben Sie, daß Ihnen die Hinweise des Beratungsteils im Alltag helfen?

   ☐ ja
   ☐ nein
   ☐ weiß nicht

3. Welcher Test hat Ihnen am besten gefallen?

4. Welcher Test hat Ihnen nicht gefallen?

5. Über welche Persönlichkeitseigenschaft hätten Sie gerne mehr gelesen?

6. Warum haben Sie dieses Buch gelesen?

   ☐ aus Neugierde
   ☐ weil es mir geschenkt wurde
   ☐ weil ich Hilfe suche
   ☐ um mich selbst besser kennenzulernen
   ☐ um meine Persönlichkeit besser zu entfalten

7. Würden Sie das Buch Ihren Bekannten empfehlen?

☐ ja
☐ nein
☐ vielleicht

8. Leiden Sie unter dem Streß des Alltags?

☐ ja
☐ nein
☐ manchmal

9. Interessieren Sie sich für weitere Tests?

☐ ja
☐ nein

Tragen Sie hier bitte Ihre persönlichen Daten ein.

Name	Vorname

Straße

(   )

PLZ	Wohnort

Beruf	Alter

Schneiden Sie den Fragebogen bitte aus und sende
Sie ihn an:

PRAXIS FÜR PSYCHOLOGISCHE DIAGNOSTIK
Dipl.-Psych. Peter Lauster
Lüderitzstraße 2, 5 Köln 60

Zwei psychologische Trainings-Programme von Professor Fensterheim.

Sag nicht Ja, wenn Du Nein sagen willst

Sich in einer Gemeinschaft verwirklichen zu können, ist
eine Frage der Selbstsicherheit. Und die ist für jeden
erlernbar – mit Hilfe des Selbstbehauptungs-Trainings.
Dieses Buch lehrt den Leser, seine Persönlichkeit zu
entwickeln und zu wahren – in Ehe, Familie,
Gesellschaft und Beruf.

**Sonderausgabe
320 Seiten**

Leben ohne Angst

Angst, Furcht, Phobie, Panik – das sind psychische
Phänomene. Alle diese irrationalen Ängste sind
»erlernt«. Sie lassen sich folgerichtig auch wieder
»verlernen«, sie lassen sich durch Selbst-Therapie
beherrschen: mit dem Anti-Angst-Trainingsprogramm
von Professor Herbert Fensterheim.

320 Seiten

Yoga

André van Lysebeth vermittelt ein System, das den
Bedürfnissen westlicher Yoga-Schüler genau
entspricht:
Man lernt in kurzer Zeit die Technik der großen Yoga-
Klassiker kennen und findet durch ihre Anwendung zu
höherem körperlichen und geistigen Bewußtsein und
daraus resultierendem Wohlbefinden.

320 Seiten mit 140 Abbildungen und 30 Zeichnungen

Mosaik
M